THE CRITICAL FEW
关键的少数

【美】　乔恩·卡岑巴赫　　　詹姆斯·托马斯　　　格雷琴·安德森　◎著
（Jon Katzenbach）　（James Thomas）　（Gretchen Anderson）

于晨◎译

民主与建设出版社
·北京·

© 民主与建设出版社，2020

图书在版编目 (CIP) 数据

关键的少数 / （美）乔恩·卡岑巴赫，（美）詹姆斯·托马斯，（美）格雷琴·安德森著；于晨译 . -- 北京：民主与建设出版社，2020.7
书名原文：The Critical Few
ISBN 978-7-5139-3068-0

Ⅰ . ①关… Ⅱ . ①乔… ②詹… ③格… ④于… Ⅲ . ①企业管理 Ⅳ . ① F272

中国版本图书馆 CIP 数据核字（2020）第 095983 号

著作权合同登记号　01-2020-3281

Copyright © 2019 by Jon R. Katzenbach, James Thomas and Gretchen Anderson
Copyright licensed by Berrett-Koehler Publishers
arranged with Andrew Nurnberg Associates International Limited

关键的少数
GUANJIAN DE SHAOSHU

著　　者	（美）乔恩·卡岑巴赫　（美）詹姆斯·托马斯（美）格雷琴·安德森
译　　者	于　晨
责任编辑	程　旭
封面设计	水玉银
出版发行	民主与建设出版社有限责任公司
电　　话	（010）59417747　59419778
社　　址	北京市海淀区西三环中路 10 号望海楼 E 座 7 层
邮　　编	100142
印　　刷	唐山富达印务有限公司
版　　次	2020 年 7 月第 1 版
印　　次	2020 年 7 月第 1 次印刷
开　　本	880 毫米 ×1230 毫米　1/32
印　　张	7
字　　数	130 千字
书　　号	ISBN 978-7-5139-3068-0
定　　价	58.00 元

注：如有印、装质量问题，请与出版社联系。

目 录
contents

罗浩智的一封信

转型，这个曾经企业只有在超常情况下才面对的问题，今天已经成为商业领袖和经营者几乎随时都需要应对的场景。在一个技术高速发展、全球不断融合、外部监管加剧、人才竞争激烈的世界里，所有的管理最终都是对变革的管理。

企业的高管们已经意识到，好的企业文化能够积极促进他们辛苦营造的新的业务现实的蓬勃发展。我们在普华永道卡岑巴赫中心的几位同事，乔恩·卡岑巴赫（我们叫他"卡岑"）、詹姆斯·托马斯以及格雷琴·安德森，以此为关注核心，完成了这本最新的著作。这本书，目的不在于给企业提供一个建立企业文化的秘方或者魔法棒。事实上，它所包含的是一系列通过实践和经验形成的思考、创意、工具，以此帮助企业高管们，有效利用文化，催化企业的改变。

卡岑和本书的合著者认为，文化催化变革的成功，关键在于"从点滴做起"：与其有上百个创意，你其实只需要几个聚焦点即可。例如：

■ 一个公司的文化可能有许多特征，但只需要几个就足以代表公司未来期望变成的模样；

■ 一个公司广泛接受的行为可能很多，但其中几个做事的方式得以遵从，大家就会更能一起走；

■ 一个公司可能有成百上千的不同层级的决策者，但文化的变革之路往往只需要针对和利用好少数的几个人，而这几个人甚至不是我们通常定义下的关键人物。

本书还特别强调，一个既往成功的企业，其企业文化中往往已经具备推进企业进一步成功的要素。企业领袖们所需要做的，并不是建立一个全新的文化，而是发现并总结这些成功要素，并对能代表他们的经营管理行为，予以正面和长期的奖励，以推动企业的发展。

本书在传递这些管理真知时，没有采用惯常的管理类书籍的陈述模式，而是设计了一套有趣的对话：卡岑和一个虚构的、名叫阿列克斯的首席执行官（CEO）的一系列对话将贯穿全书。阿列克斯是卡岑和他的同事们长期服务客户所积累下来的商业领袖和高管的集合体，因此，相信很多读者都可以在阿列克斯身上看到自己的影子，从而更容易理解和认同本书对企业文化的理解以及如何利用文化去驱动企业的变革。

本书阐述的文化演进的核心思想，在普华永道的全球转型之路上也引起共鸣。以企业核心价值观和文化，来驱动更好的全球化合作和拉通，从而对我们服务的客户和共存的社会形成正向影响。在读完这本书后，我对这一点更加感同身受。

本书追求在情感上与读者达成共鸣。没有一个企业能做到完全理智地进行管理。一个企业也有情绪，而企业的文化就"藏在"这种情绪里。如何去感受到企业的情绪，这本书给出了建议：澄清、简化、连接。

卡岑巴赫中心，作为思略特战略咨询的一部分，在2014年加入普华永道的大家庭。我们开始共事，变革之路更加丰富多彩。我相信，无论你的企业位于世界的哪个角落，处于发展的哪个阶段，无论你在企业中处于何种地位，担任何种职务，都将从本书中受益。

罗浩智（Bob Moritz）

普华永道全球主席

推荐序

2020 年虽然只过去了一半，但我们相信，它注定将是整个 21 世纪中关键的一年。新冠疫情促发的全球动荡，给社会、经济、民生等各领域提出了巨大的挑战。虽然中国现阶段的疫情相对稳定，国民经济生活正在快速恢复，但无论是已经开始扮演全球领袖角色的国家，还是承担着带领社会前进的龙头企业和企业领袖，都意识到必须转型，必须变革，这不仅仅是为了我们的企业和员工，更是为了我们的国家和社会——解决重要问题，建立社会信任。

构建信任中最关键的环节就是企业文化建设，它与业务战略、运营模式一起构成了高效组织三要素。普华永道卡岑巴赫中心针对 50 个国家的 2000 位受访者的全球文化调研结果显示：

■ 65% 的受访者认为，文化比业务战略和运营模式更加重要；

■ 80% 的受访者表示，只有在未来五年计划中充分融入文化因素，才能获得业绩增长。

文化决定企业成败的时代已经来临。

我很赞同本书作者之一、普华永道卡岑巴赫中心创始人乔恩·卡岑巴赫先生的观点：没有一种文化是"面面俱到的好"或者"毫无可取的差"，每一种文化都是企业内在的情感能量，可以相互平衡。我们要在现有文化中寻找这种能一以贯之的情感能量。然而，企业文化不同于其他的商业话题：它没有量化标准，更偏于感性而非理性——这正是它看似难以琢磨却又在企业发展过程中如此强大的原因。很多企业领导人困惑于文化变革工作过于复杂和分散，无法真正将其与可持续的业务改进联系起来。

本书中，卡岑巴赫先生提出的企业文化中三个"关键少数"元素将有效降低企业文化的复杂度，并对企业的业务表现产生正面的、持久的文化影响。企业希望达成有效转型和业绩提升，需要做的是聚焦于关键少数。

（1）特征：一套能够代表企业整体"家庭肖像"的特点——那些超越企业内部子文化的共同特质，是员工日常工作中共享的行为假设和工作时相互之间的情感连接。

（2）基本行为：少数经过精挑细选的、已经有部分员工每天都在执行的、一旦全员效仿就能引导企业成功的行为。

（3）真正的非正式领导：几个或最多是企业里极其少数的

一群人，他们在企业中被认同，出于他们具有高度的"情绪直觉"和"关系网络"。

这些观点和我过去几年带领普华永道完成转型的经历产生了高度共鸣！作为一家全球领先的专业服务机构，在外部环境日益复杂和多元文化并存的机遇和挑战下，普华永道在不断践行"文化为先"的准则。我们的使命是营造社会诚信，解决重要问题，我们一直信守"诚信、增值、关怀、合作、创新"五大价值观。实现"使命驱动、价值支撑"，这样才能在普华永道的内部工作环境中，激励我们的合伙人和员工勇于尝试、不断创新。在此过程中，我们充分感受到关键少数所发挥出的巨大能量。

不论您的企业目前规模大小、所处哪个行业以及受疫情影响的程度多大，本书都将是您重新审视文化变革的好契机。时不我待，让我们一起开启新时代的文化变革之旅吧。

赵柏基

普华永道亚太及中国主席

译者序

改革开放四十年来，中国经济翻天覆地，催生了一大批成功的企业：或成功上市，或独霸细分行业龙头；同时，外资企业也伴随着改革的春风进入中国，大力开拓中国市场，可谓风生水起。彼时，中国处于经济快速发展时期，只要企业"找准赛道、搭好班子、备足资金"，成功唾手可及。

然而，当整个中国社会和经济进入转型期，这个不二诀窍似乎不太奏效了。大量企业特别是成功企业,面临的不仅仅是"钱好不好挣"的问题，他们开始考虑突围、转型，尤其在2020年突发新冠疫情之后，"向死而生"这种决绝的话题也开始被广议。此时，企业文化建设作为自上而下影响整个企业转型成功与否以及如何以文化驱动转型的内核力量，被放到了聚光灯下。

一年半前，在我第一次读到原著的时候，正是传统行业企业艰难转型、互联网企业感叹进入"下半场"的时候，我对卡岑巴赫先生在企业文化建设方面所提出的"关键少数"观点深感认同。作为一名从业二十多年的管理咨询顾问，翻译此书推荐给中国的企业管理者，是我的本能。

今天，当本书与各位见面时，新冠疫情还在全球肆虐，这更让我们感叹本书的核心观点是如此应景。

首先，保持危机感，形成凝聚力。善于打造企业文化的企业，往往都有一个共同的特点，那就是不断地创造企业危机感，或者不断激发在企业内部，掌控资源的核心人员的个人危机感。我们可以看到一些成功企业虽然吸引了非常多高级人才，却无法形成合力。道理很简单：高级管理人才和核心业务人才，绝大多数没有危机意识。如果无法形成凝聚力，企业将很难成为有机体，企业文化建设也就只会是一句空谈。

其次，提升新技能，满足个性化需求。很多企业往往强调大家"舍小家而顾大家"，强调流程化组织的构建以及员工对组织的遵从，这显然与每个员工对个性化感情和尊重的需求是矛盾的。对于企业能否在运营效率和员工个性化需求之间达成平衡，数字化转型，往往是其可能选择的路径。针对以流程驱动为主的行业，比如生产型企业，尽可能通过数字化手段，用新技术去取代对工人的依赖；而对于知识型企业，例如由研发、技术、专业等驱动的企业，数字化的关键所在不仅仅是新技术在价值创造环节的直接运用，还需要通过数字化将传统后台职能打通。

最后，塑造企业身份，增强员工使命感。企业转型成功的终极模式是全企业使命感和价值观的高度一致。那些真正伟大且被大家熟知和认可的企业，往往拥有独特的身份和"人格"，即企业形象。这种独特的企业形象，在变革不确定性越高的情况下，就越显得鲜明和重要。企业领袖（而不是管理者）需要用企业形象这样的身份去引导团队走出迷雾，帮助企业去判断和甄别中长期发展所需的核心能力所在，同时也更容易让企业与社会及个人连接紧密，从而提高企业成功进入新世界的可能性。

虽然构建新时代的企业文化且以此驱动企业转型绝非易事，但本书将指引读者一步步掌握实现这一目标的关键少数元素，并落实于我们的实际工作中。

在全球疫情的大背景下，此书的出版恰逢其时，希望书中探讨的文化话题能够助力企业转型成功、基业长青！

于晨

普华永道中国管理咨询客户和市场服务主管合伙人

序　言

　　我叫乔恩·卡岑巴赫。在过去的五十年里，企业文化一直是我和我的同事、客户研究的课题。我们写文章、做演讲，为此几乎到了痴迷的地步。我们和客户有过无数类似本书中所虚构的讨论，我和卡岑巴赫中心管理实践社区的同事们将这些实践归纳成理论和方法，再付诸实践进行验证和完善，然后我和我的合著者，詹姆斯·托马斯和格雷琴·安德森，再把这些过程著书立说，形成了你面前这本书。

　　这本书虚构了一个叫作"无畏公司"的企业和它的新任首席执行官阿列克斯为期一年的转型之旅。这一虚构故事之所以可信，在于它实际上浓缩了我们在过去实践中，无数次与那些有血有肉的CEO们的深层次的沟通和合作。这些活生生的企业高管对我的信任，让我感受到他们对企业发展的渴望和对企业失败的恐惧。

　　我们没有选择将真实具体的公司和高管名字写在本书中，

而是采用的虚构的阿列克斯，是出于如下两点考虑：首先也是最重要的是，我们希望通过这种方式，提醒我们企业文化的挑战是多么普遍和普适，从"企业"到"企业"，大家面临的难题都那么似曾相识；其次，企业文化是一个非常私密的话题，每次我们讨论这个话题，都不可避免地会触及企业管理最核心最柔软的部分，就好像要去揭露一个"家庭秘密"一样——一个企业如何对外宣传和讲述他们的发展是一个表象，而这层表象之下的，是这个企业的情绪甚至情感的发展历程。当企业出于信任而对我们敞开心扉的时候，我们能够做到的，就是为他们保护所有的隐私。

这恰恰是我们这个行业的特点，也是我们写这本书时所面临的一个特殊挑战。一方面，我们希望通过此书让你对企业文化在变革中可能也应该产生的影响感同身受，而与此同时，我们又不能把我们客户的"家庭秘密"直接暴露在你面前。于是，我们在本书中采用了一个以实际案例为基础的半虚构的方式：每一个章节，我们都以一段我和虚构的阿列克斯的对话开篇。这些对话，都是基于在过去的几十年里，我对不同的客户针对相似的话题的建议，以及如何通过影响人们的思维、信仰和更关键的行为去催化真实的改变。在每个这样的对话之后，我们再就对话中的关键点进行理论的总结和归纳，

并辅以实际案例的实践说明。这些理论和案例，源自我们过去的实际项目经验和我们对公共信息的采集和分析。我们同时对你在实际工作中如何运用这些理论和工具，也提出相应的建议。

　　本书中，我们把阿列克斯和团队经营的"无畏公司"，设定为一个传统零售企业。之所以选择这个行业，在于所有企业都能从传统零售业的经营中或多或少找到自己的影子。当然，我们把对无畏公司的具体业务描述尽可能降到最低，所以这家企业所面临的问题，很容易就可以抽象并适用到一家航空公司、一家车企、一家银行、一家生命科学企业、一家能源企业或者一家通信运营商。这些企业，以及其他林林总总的行业，在我们过去几十年的服务中，都面对过类似的企业文化的难题。同时，这些挑战，也同样适用于政府、公共服务机构甚至军队和非营利机构。显然，像我们这样的专业服务机构（我们自己和我们的友商，以及类似律所等所有提供专业服务的企业），在面对企业文化挑战时，也不可能超然。企业文化的管理挑战，对所有人，所有企业，一视同仁。

　　确实，每个行业，甚至每家企业或国际机构都面临不同的文化环境，但他们同时又拥有一个共同点：如果他们希望聚集集体的意愿去做出实质性的改变，那么这种改变的成功或失败，依赖于他们能否以及如何利用好他们的企业文化。进入 21 世纪后，这种"改变的意愿"，更是已经快速地从个别单一事件转换成一种常态：卡岑巴赫中心全球文化调研的受访企业，80%相信他们需要采用"进化"的方式去不断成功和发展，才能保留他们最好的人才。而我们接触的所有企业，都在谈论"变化常态论"甚至"变化疲劳"。因此，如何正确引导和催化这种不间断的变化，已经成为企业领袖们必须面对和解决的问题。或者我们换种说法：你是一个业务领袖（无论是在哪个层级的领袖），当你看到一个企业或者业务发展的新方向时，如果你能够有效利用企业文化这个元素，你的成功概率和成功幅度就要比别人大很多；反言之，如果你忽略文化元素或者想当然地认为企业文化会无条件支持你，你达到预期目标的可能性就会远小于他人。

对于这个话题，我们再从不同的商业挑战场景进行分析。

首先，概括而言，无论哪种转型，其核心都是在要求企业员工必须采用新的方式工作和沟通，因此，在向员工提出这种诉求的时候，你不可避免地，必须要考虑员工群体的感性一面——这是我们讨论文化干预方式方法的一个基本面。

第一种场景，在我们普华永道 / 思略特的概念体系里，被称为做好"精实增长"的准备。当一个企业计划去降低成本、

打造差异化能力或者提升盈利水平，那么员工群体的感性因素就变得尤为重要。历史上还没有任何一家企业，在收缩业务（很多时候意味着裁员）或者调整员工技能的时候，能够不引发员工的怀疑、恐慌或者失落的情绪。在这些商业和管理背景下，一条以文化驱动的变革之路，就有助于业务领袖们意识到这些情绪的存在并主动对之进行干预——如果做得更完善，甚至能够在对变革时间和成本的估算中，预留专门的空间去解决人的部分固化行为对重大改变能够成功会产生影响的问题。这一条，对降低成本和构建差异化能力，形成良性的、长久的可持续状态至关重要，否则面临的就是这样或那样的老习惯、老做法和老思路的死灰复燃。

第二种场景，现在被广泛称为"未来人力资源"，针对可预期的未来趋势（绝大多数是技术革命引发的），例如工作流程自动化、机器人的应用、对工作和周围环境的新的体验模式，很多企业已经开始对应着调整他们的组织结构和工作方式。这类调整，实际上需要员工掌握和采用新的能力。然而大多数时候，企业只会失望地发现，他们的员工根本没有做好准备，甚至很难意识到这种调整对他们所意味着的新未来。其结果就是大家普遍视转型为一场异常艰巨的攀岩，而不是一个因为员工大众渴望改变而催化激发机会实现的大好时机。

第三种场景，风险和政策合规问题的解决，也对文化挑战的应对提出要求。当一家企业需要针对政策法规的变化而调整战略的时候，企业领导已经不能只是采用自上而下地简单调整流程的方式应对了，在这样做的基础上，还要充分考虑员工行为（很多时候被情绪和文化影响的行为）会如何放大或降低合规风险。这一点在今天尤为突出，例如，政策制定机构和投资人，已经不再容忍一家企业出于税务筹划目的，在一个空壳公司下面进行复杂的业务经营，他们需要的是透明化经营的"好公民"企业。因此，越来越多的企业，在应对税务筹划和新政策出台时，需要对公司的组织结构做出实质性调整。组织结构图上任何一个部门或者汇报线的改变，都会对人产生影响，那么文化挑战就更加不可避免。

最后，在今天的企业并购的场景下，文化成为并购成功或失败的决定因素之一。将企业文化因素考虑在内，需要越早越好——实际上，领先的、具有前瞻性的并购企业和私募基金企业，已经把企业文化诊断作为前期尽职调查的核心内容。除了这些前期诊断和准备，在并购整合阶段，我们不可避免地要去回答几个关于文化的重要问题，例如：两家公司在文化特质上有何共同点？这些共同点在并购阶段是否应该被强调？双方最突出的差异在哪里？这些差异是否正确以及如何调解，这个过程中的代价是什么？在整合过程中，是否存在可能促进或者阻碍进程的情绪"熔点"？在双方企业中，在压力面前，员工一般会去向哪些人寻求力量和支持？对于这些人，我们需要做些什么，才能让他们尽早和我们一起去铺一条略为平坦的整合之路？

　　这些管理场景各不相同，但它们的成功和失败，都有一条具有共性的重要线索：当企业面临重大改变时，无论是上述哪一种变化，出于文化的感性一面，其第一反应一定是对变化的抗拒。但其实，抗拒之下，在文化的深层次部分，其他的力量也在同时产生、发酵甚至快速叠加。这些都是催化未来变化的力量源泉。那些最好的业务领袖，总是能够成功地克服企业文化中的惰性或抗拒，去触碰那些深层次的感性力量，同时避免用理性思维或者空洞的理论，来分析那些哪怕最简单的情绪化因素。简而言之，这是本书的一节基础课。请你集中注意力，一页一页读完这本书，我将向你逐步介绍一个秘籍：正向情绪至关重要，能够为企业的转型增添力量；员工对他们被要求做的事情一定要有正向感受，这是让他们克服天性的恐惧以及行为发生转变的唯一途径。

　　另一个秘籍是，那些一上来被视为抗拒或者惰性的部分，有可能正是变革之路刚刚迈出的一步，只不过我们还无法切身感受到而已。那些优秀的企业领袖，都深知文化需要经历长时间的变化，他们精于找出并奖励那些微小变化的产生，而不是轻易举手投降，抱怨企业的变革为何停滞不前。这些优秀的企业领袖，也深知不能简单地从表面去看他们的企业文化，那只是一种不全面的理解，他们的企业文化，很有可能是错综复杂的多种子文化在企业深层中相互竞争、相互摩擦、相互催化中形成的。事实上，对于任何全球企业或者机构，就没有一个"大一统的文化"之说，无论整体规模的大小，他们所拥有的，都是多元文化。

　　文化是可以改变的，但是如果没有针对性的干预，文化的改变必然是缓慢的。虽然子文化在任何一家企业里都存在，而且是形成情感认同的重要源泉，但整体性的企业文化依然是存在的并且有其自身的能量。这其中的似非而是的"灰度"，恰恰是理解和管理一家企业的企业文化的深层核心。本书旨在教会你如何识别不同情绪和企业的关系，还有这些情绪之间的差别以及它们对于你施展战略执行能力的影响。

　　如果你真的想改变你的公司，那你就需要高度的同理心、超强的毅力和决心、极高的专注力，以及能够将你的企业文化的最合适方面激发出来的实用方法论。你需要所谓的"关键少数"，这正是我们虚构的英雄 CEO——阿列克斯在本书中的重大发现。

　　我已经说了很多。感谢你的耐心。虽然我创立了一家公司，甚至能用我的名字命名其中的智库研究院，如果我们有一天有幸相见，你会发现与其站在讲台的中央，我更喜欢聆听。所以，请允许我在此退后一步，让阿列克斯做一个自我介绍。

乔恩·卡岑巴赫

阿列克斯的自我介绍

　　我总是充满雄心大志，并且对人和事存在矛盾的心态，这两点很多时候我会做过了头，因为很难满足于已经得到的进步。按照我父母的说法，我是一个能让世界变得不同的人。相对于学术理论，我更关注实用主义。上高中的时候，我一方面保持一个很不错的分数，确保我总是能得到老师足够的关注，一方面我坚信这个世界的复杂远超过书本上教授的知识。于是我养成了下课后去向老师提出问题的习惯——不是那些关于作业的问题，而是关乎整个人生的。比如：人为什么要在毕业后找一个好工作？找工作的话，需要人多聪明才行？为什么有些人会成功，有些人会失败？而为什么那些比较招人喜欢的人，反而不容易成功？

　　我的幸运之处，是总有一两个老师会花时间解答我的问题。随着年龄的增长，我的问题越来越复杂，答案也随之越来越有趣。读大学期间，我主修经济，辅修心理学和计算机科学。大学毕业后，我加入了一家互联网公司。那时正值互联网热潮的

晚期，所以当泡沫破灭的时候，我和很多一时间茫然无措的人一样，进入了商学院。我的雄心（或者叫野心）随着年龄而增长，就像我很多的商学院同学一样，我什么都想要——当一个领袖、拥有舒适的生活以及有机会在某领域做出重要的成就。我们都意识到，这个世界在快速地变得更加"互联"和复杂。这种变化让我们既兴奋又害怕。但我和我的同学们有所不同：他们中的大多数，按照惯例认为，从商学院毕业后的第一份工作将决定他们的职业生涯；而我则清楚地知道很多惯例都不再适用，我走出商学院后的第一份工作远不是归宿，只是我漫长征途中的第一步。我的这一认识，归功于我常年来与那些较我年长的导师们的不断沟通和对话。

离开商学院后，我加入了一家精品战略咨询公司。乔恩·卡岑巴赫是这家咨询公司的创始人之一，是那种名字会和公司名字一起出现的那种。他个子不高，戴着眼镜，是自行车运动的狂热粉丝，遇事总是泰然自若。公司里从合伙人到行政人员，乃至后台技术人员，没有一个人叫他"卡岑巴赫先生"，大家都喜欢叫他的昵称"卡岑"。他以前是一家头部全球管理咨询公司的合伙人，服务不同行业的不同类型的企业——从初创公司到行业巨人。后来，他的注意力逐渐聚焦于他所谓的"超越管理常态的领导"，也就是针对那些让公司和团队能真正形成一体的非正式的关系的研究。从市场选择，到致胜投资渠道的规划，再到自上而下的组织团队搭建以及绩效指标的设计和选择，他对战略真的很精通。

但是能让卡岑激情投入的，是帮助企业找到最有效的激励方式，让员工的行为与企业的使命高度一致。正是他让我意识到，公司里的每个员工都需要真实地感受到，他们的工作能够对整体产生或多或少的影响，而与此同时，公司的领导们又往往忽略了这些需求的力量。卡岑把这一现象叫作"情感承诺与理性遵从的对垒"。我和同事们，与卡岑和其他合伙人们一起工作，从中学到了一些相关的观点和技能。我们对公司和团队彼此的信任非常高。时至今日，我最亲密的知己——那些我无论面临工作还是生活挑战时可以去寻求帮助和建议的人，都来自于那家公司的那些同事。

虽然我那时候工作经验还很有限，但是从一开始我就已经意识到，我的激情在于真正运营一家公司，而不是去向公司运营者提供建议。几年后，我离开了咨询公司，加入了一家高科技创业企业，我在那里每天的工作时长甚至超过我当咨询顾问的时候。另外，我在那里遇见了我后来的妻子简，我们相恋并结婚。之后，我们决定分成两个职业方向：她继续保持在高科技行业，而我则转行去一家大型制造型企业做数字化分析。我在那里做了很多有趣的项目，也因此收到了一份来自"无畏公司"的工作邀请。无畏是一家不算很大，但是受到广泛尊重的零售企业。我入职的部门是战略部，几年后升任首席运营官（COO）。然后，终于有一天，在我加入无畏的第七年，在我人生第五个十年走了一半的时候，我来到了一个里程碑前——我被提名出任CEO。

我从加入无畏的第一天起，就认识了前任CEO托比·曼斯菲德。我非常尊敬他，他是一个和蔼可亲的大家长。他担任CEO超过十年。两年前被确诊癌症的时候，他毫不讳言对死亡的恐惧。医生高超的医术和及时的治疗拯救了他的生命，但是当他回到工作岗位的时候就像变了一个人。去年他宣布了自己的决定：虽然距离正常退休还有十年的时间，但他将辞去CEO的职位，去为非营利组织服务，他和公司董事会已经讨论决定，由我作为他的继任者。我们之间的工作交接时间并不长，董事会需要一个强有力的领导，继续带领公司前进。幸运的是，我和妻子都认为这一变化并不影响我们家庭和生活的其他安排，所以，我高兴而自豪地接受了这一任命。

　　无畏曾经是零售行业最好的公司之一，我加入的时候已经有超过六十年的历史。当然，有新闻报道说它躺在历史的荣誉上"不思进取"，同时，连我的孩子们都能列举几个 21 世纪传统零售业的困局（这要归功于我和妻子在家里经常讨论工作的习惯），但是，我依然对迎接新的挑战自信满满。公司的董事会经验非常丰富，我坚信我们能让公司充满能量。通过引领创新和谨慎投资，我带领的无畏将重回巅峰！历史讲完，我们来到今天，我已经担任 CEO 六个月了。托比宣布退休后的那几周，当董事会约见我的时候，我总是充满自信，承诺他们会做出立竿见影的成就。但是现在，当我坐在 CEO 的位子上，才看到公司的真实一面，比如那些从运营层面看不清的角度和问题。我们今年的成长目标根本不可能达成，去年的也只是勉强达到而已。如果我们找不到降低成本的办法，那些如狼似虎地盯着我们的私募基金可不会放过强制收购的大好时机，而这几乎就是我的噩梦。我已经做了充分的研究，足以识别发生这类风险的信号，但是，对于这一看似无法避免的走势，我还没有找到应对之策。

　　在一个周二的下午，当我浏览领英看到卡岑发的他最近的一篇文章时，我突然意识到，他就是能帮助我的最佳人选啊！

我立刻拨打他的电话，结果发现他和托比也相熟。我们约好在办公室外进行一次轻松的对话。见面的时候，虽然我一直坚持说这只是一次轻松的聊天，但一切都没有逃过他的眼睛。他马上就意识到，我所面临的压力，要远大于我愿意承认的程度。

阿列克斯

无畏公司 CEO

致读者的信

亲爱的读者：

我们是一个兴趣相投的小群体，虽然每个人所走的路径不同，但一步步地，我们最终殊途同归——在企业文化这个课题下，我们分享、讨论甚至争辩那些影响"企业的思想和行为"的关键话题，不仅丰富我们自身的知识，更激发我们对这个课题的热情。

这就是我们的社区！

我们为本书的著者们站台，也鼓励各位读者在每天的实践中应用本书所介绍的理论和方法。这些理论和方法，经历了我们过去服务不同行业、不同国家和不同经济环境下的客户时的实践。有些是全套的方法，有些是其中的一部分，但无论哪种，我们都想告诉你：这些理论和方法是有效的！我们也鼓励你和你周围的同事，和我们一样对你的实践进行分析、总结和归纳。我们期待你与我们分享你在实践中的收获和经验教训。

你在本书的最后可以看到我们每个人的简历。我们希望你

喜欢本书，并与我们保持联系！

16 位卡岑巴赫中心管理实践社区的成员：

德安妮·阿吉雷（DeAnne Aguirre）

里德·卡彭特（Reid Carpenter）

瓦拉·戴维森（Varya Davidson）

黛安娜·迪米特罗娃（Diana Dimitrova）

凯特·杜根（Kate Dugan）

贾梅·艾斯图皮南（Jaime Estupiñán）

阿曼达·埃弗森（Amanda Evison）

克里丝蒂·赫尔（Kristy Hull）

米歇尔·卡姆（Michelle Kam）

佩洛拉·卡尔森（Per-Ola Karlsson）

保罗·莫利-弗莱切（Paolo Morley-Fletcher）

卡洛琳·欧时力格尔（Carolin Oelschlegel）

弗雷德里克·坡克（Frédéric Pirker）

罗杰·拉巴特（Roger Rabbat）

巴里·沃斯特（Barry Vorster）

爱丽丝·周（Alice Zhou）

第 **1** 章

CHAPTER

为什么要文化一致

场景：美国中西部一家传统的牛排店——卡西莫餐厅，一月的一个正午

卡岑：好久不见，阿列克斯！你看上去可不是太好，新岗位的压力是不是太大了？托比怎么样？他是我多年的好朋友，他对你非常支持啊！

阿列克斯：是的，他非常支持我，我特别感激。我听说他很满意那个非营利机构的新岗位，而且已经开始看见不错的效果了。

卡岑：真不错！我很高兴无畏的董事会选择了你。你的新岗位怎么样？

阿列克斯：卡岑，我们都认识这么多年了，在你面前我就不强颜欢笑了。公司里大多数人看上去是高兴看到一个新的 CEO 上任的，至少他们是这么告诉我的。但是严肃地讲，我们的问题很多。无畏的业绩还在不断下滑，我上任两个季度，无论是销售还是盈利都没有达标，这比几年前亚马逊开始和我们竞争时还要糟糕（当时对公司造成了巨大冲击）。那时候，我们的产品，客户在购买前是能够触摸感受的，并且我们有不错的防御壁垒和反攻武器。但是现在我们的销售业绩在下滑。

另一方面，我们需要花钱的地方太多了。首先，和所有人一样，我们需要改善顾客的线上体验，所以我们已经启动了一个数字化项目，但进展非常缓慢，投入也远大于我们的预期。其次，直到今天，我们也不能像一些大型连锁企业那样去做必要的经营分析。另外，我听说中国零售企业也要进入美国市场了，他们的价格我们可拼不过。还有，坦白讲，我们对于网络安全真的投资不足，每次想到有黑客可能黑掉我们的顾客信用卡信息库，我就会非常恐慌。

我们大家都很爱戴托比，但是当我发现他把很多问题都放在一边或者不够重视的时候，坦白讲我都震惊了。我们知道会面临挑战，但是我们的实际情况要比预想的差很多。一些董事会成员一路都在警告我们：我们的动作要快，我们要更敏捷，我们需要尽快关闭一些商店并且裁员。我都快水淹脖子了。除非有奇迹发生，不然我觉得我不可能有时间逆转。

卡岑：这么大的压力，你怎么处理？

阿列克斯：我觉得我做得还行。我们在一些方面初见成效。比如，我们解决了一些托比在任时经常出现的库存问题。我调整了汇报线和组织结构，让大家更清晰自己的权责范围，这对解决那些库存问题特别有帮助。但是作为CEO，我不应该花过多的时间关注这样的运营细节。每天都有很多类似的危机会汇报到我这里，明明这些问题应该在下面就可以解决的。我觉得管理层有时候就是想把问题升级到我这里，这样他们之间就不用针锋相对了。

我们的风格是互相拍着对方的肩膀说我们是多么好的一个团队，我们是多么好的朋友，但其实，一个和谐团结的团队和一批规避矛盾的人还是有区别的吧？

卡岑：其实差别没有那么大，只不过是一枚硬币的两面性而已。我们以后可以详谈这个话题。不过说回来，从我的经验来看，我所见过的所有CEO，都会抱怨他们的高管团队。

阿列克斯：唉！我不是那种推卸责任的人。我的每个直管下属，都非常称职。他们的动机都是对的，在行业里的经验也不比任何人差，而且我知道他们都对我非常坦诚。

卡岑：嗯，我等着你说"但是……"。

阿列克斯：但是他们看不到我们如果再不做出很多改变的话，我们面临的麻烦有多大。而我和他们每个人单独谈话的时候，他们总是说别人的问题。最终，我们没有办法确定一个清晰的方向。

卡岑：其他人呢？公司的文化氛围怎么样？大家怎么看待未来的走向？

阿列克斯：很差。每个部门都觉得自己不受认可。内斗现象比较严重：大多数部门都不愿意和别人合作。大家互相抱怨，但转过头自己又采用完全相同的方式工作。我们需要一个绩效文化，而不是一个借口文化。

卡岑：这些情况你是怎么知道的？

阿列克斯：我们每年都做员工敬业度调研。从调研结果可以看出大家对公司的未来发展逐渐丧失信心。有一道题的反馈最让我担忧：当问到公司的使命和大家日常工作的关系时，只有差不多 37% 的人觉得两者是息息相关的。这个数字太低。

卡岑：这个结果确实令人担忧。但同时我要提醒你，不要单一依赖员工敬业度调研。在分析企业面临的文化挑战时，员工敬业度调研结果很多时候并不准确。好的领导，都需要在分析这些结果的同时，充分参考对其他方面的洞察结果。

阿列克斯：这个话题我有机会要进一步请教你。但同时，我和员工在办公室里的闲谈中也能感受到目前的文化问题。有一天我去地产管理部，遇见一个叫麦克的经理，他精神面貌很差。他跟我说：在这家公司里，无论你怎么做，别人都不念你的好。我虽然讨厌这么说，但其实我同意他的感受。甚至比这个更差，没有人愿意担责。一旦有事情发生，大家要不就是互相指责，要不就是寻找借口。现在的文化氛围就是这样。

卡岑：面对这些情况，你目前做了什么去改变吗？

阿列克斯：这正是我找你的原因。我们需要做些事情，让大家醒过来。我在想是不是需要做一些大动作，比如关店、拆分业务，这样能对公司财务报表产生大的影响，就是要发出明确的信号：这次我们是动真格的！你们在拖后腿！

阿列克斯的声音有些激动，声调有些提高。卡岑不由得抬起头看看周围的客人。两个老朋友相视一笑。然后阿列克斯的声调就缓和下来，继续他的话题。

阿列克斯：当然，我知道我的这些想法是不对的。如果我需要通过裁员来维系公司的发展，那我可能需要调整一半的员工。所以，我觉得我们需要的是组织调整。

卡岑：像处理库存问题那样，再次调整公司组织架构图吗？

阿列克斯：是的，但为了一个真正的目的。不是为了解决某个特定的问题，而是做出大胆的改变，甚至推倒重来，让大家重新开始。

卡岑：托比怎么看现在的文化氛围，对无畏有利还是不利？他离开前有没有说什么？

阿列克斯：托比和董事会都强烈觉得公司在提升效率和降低损耗方面需要做出大的改变。我们两三年前做过一次战略分析，大家一致指出这方面需要改进。我们随即启动了几个跨部门的战略举措，但是并没有坚持下来，所以很难去判断这些举措是否起到作用。在托比离开公司前夕，他给全公司发了一封措辞严厉的信，列明了我们的优势、在线上业务和库存管理上面临的挑战，以及如果不妥善管理盈利水平可能导致的后果。

卡岑：大家的反应如何？

阿列克斯：喜忧参半。大多数人在为我们的处境找理由，"整个行业都在变化，不是我们的错""我们的薪水太低了，没有竞争力""主要是其他部门做得不好"之类的。

卡岑：大多数人也许只想继续待在自己的舒适区内做他们喜欢做的事情，然后等待别人想出拯救公司的妙招。

阿列克斯：是的。还有一种情况是大家觉得在今天，不犯错是最重要的。我们现在的经营状况，至少能保证今年或者明年不出事，但是谁知道这能坚持多久。

阿列克斯沉默了一会儿，继续说道：所以，你怎么看？

卡岑：怎么说呢，你至少不是从零开始。很多公司甚至连他们的员工最在意什么都不清楚。他们觉得这只是薪水的问题，很少在意员工的真实感受。而你至少已经点出了所面临问题中的员工情绪问题，只不过没有直接用那些词而已。

阿列克斯：没有太懂。

卡岑：你们问题的核心是企业的文化氛围。阻碍无畏前进的因素，不仅来自外部的市场环境，同时来自公司内部。比如，员工如何感受，如何思考，如何行为，如何和同事交往。换句话说，他们的工作之道。这是所有人，包括你在内都很烦躁的原因。想想你是怎么说所需要的调整的：也许需要组织重组，也许需要裁员，也许这样，也许那样。你自己对可能做出的决定能否促进改变都

没有信心。

阿列克斯：我知道你说的这种心态：我希望自己能做到乐观，但是骨子里我会认为这些调整是没用的。

卡岑：对，这些调整没用。或者更准确点说，你确实能马上做出几个冲动的管理反应，但是你很难看到它们能够带来什么实质性的结果，来推动真正的转型。你看，你们是一家很成熟的公司，大多数员工都已经在这里工作了很久。没有人会轻松地改变他们做什么，或者指挥他们怎么做。坏习惯会坚持。文化是很顽固而且会自我加强的。

阿列克斯：所以你的意思是我不能去挑战公司文化。那这意味着什么？我们就看着无畏逐渐沉没，被人遗忘？

卡岑：不是的。你必须要在现有公司文化中，找到能为你所用的感性力量。也就是说，你要识别和利用已有的。直到现在，你还没有提及很多员工对无畏既有的正面的感性承诺。大家每天来上班，可不只是为了那些工资。有很大的可能性是在你们公司的文化里，隐藏着一些真实的、正面的、积极的能量，一旦被你发现，就可以为你所用。

阿列克斯：你是说一些高大上的公司使命？托比曾经搞过一个"绿色门店"的战略举措，用的就是这一招。实际上每个人都觉得这个和我们没有任何关系，大家很讨厌这些。那些关于废品回收、保护水源之类的海报，在托比离开后就被从墙上撕下来了。

卡岑：怎么说呢，托比是一个好人，和他来个自行车长途拉练很有意思，但是他采用的这种自上而下的方式，就像你描述的一样，和我所说的建立员工对公司的感性承诺，恰恰相反。托比自以为是地决定了，他判定员工会关注这些，而不会真正地去感受员工和无畏之间的情感脉动。我相信你不会犯同样的错误。

阿列克斯：我觉得和上万员工建立感性连接是不可能的。

卡岑：也许那是因为你没有关注到对的地方，或者问对的人。你有没有去真正倾听企业基层员工的想法。你知道他们关心什么，每天早晨为什么会来上班吗？你知道他们怎么向自己的孩子描述他们的工作吗？信不信由你，当你真正愿意倾听的时候，你的员工就会真正打开心扉。而且你并不需要去问每个人，只关注那些下意识就能理解"在无畏究竟怎么推进事情"的人就够了。如果你真的想发起一场改变，就要让无畏的员工能够自己去解决自身问题——而你需要做的，就是不要挡在他们的路上就行。

每个公司都面临文化挑战

　　大多数的公司在成立初期都拥有满格的能量和高远的志向。这是必需的，因为对初创企业而言，挣到足够发工资的钱太难了。他们需要取悦客户，生产卓越的产品和服务，在商业世界中立足，当然，还要维持一个不错的盈利水平。但是，随着时间的流逝，那些高远的志向逐渐消逝，无论是管理层还是普通员工，对工作的期望都在逐渐下降，经常连他们自己都意识不到这一点。他们慢慢觉得，只有一些实际的回报才代表所谓的成功。光景差的时候，他们会选择削减预算，甚至不顾这么做会产生的长期影响；光景好的时候，他们变得自鸣得意，忘掉了企业文化中驱动他们成功的因素，他们忽视甚至失去了企业文化中传承的价值。

　　企业董事会炒掉 CEO 的时候，官方原因往往是财务指标没有达标。但实际上，每一次这种失败的深层原因，都是企业无法将战略选择、运营调整以及员工的积极性和能动性有效连接起来。具体表现在以下几个方面：CEO 设定了一个目标，但员工完全没有做好完成的准备；CEO 对员工做出企业根本无法兑现的承诺；或者员工缺乏清晰的方向和资源的支持而表现得不如人意；或者员工的感性能量根本无法支撑他们超越自我。

文化是重要的，文化是强有力的，因为文化决定了一个公司的能力空间。一个公司的文化是一个集合，包括了坚信的态度、牢固的习惯、不断重复的行为、潜在的情感以及整体员工对世界的看法。文化是我们每天去工作的时候所共享的一套假设——我们对身边每个人心照不宣的期望值。

比如：大家开会的时候是准时的吗，还是大家可以容忍晚几分钟？在办公室里大声吃零食可以吗？公开讨论别人的私事呢？对话的时候看手机、回邮件呢？公司里是不是有一些只有本公司的员工才能理解和领会的笑话，而外人根本感受不到其中的笑点？这些例子不胜枚举，我们工作的日常，是形成我们共同文化的原材料。这个混合体随着时间不断积累，影响着我们每个人，也受到我们每个人的影响。企业领导因为位置优势能对文化产生更大的影响，但实际上，我们每个人都是企业文化的一部分。人，一旦加入一个组织，就会自然地被周围的人影响，同时也自然地影响周围的人：他们的态度、感受、行为和认知，在不停地寻找相关的共鸣，形成一种"家庭肖像"。这种组织中的交互要远比每个个体的行为而显著。所有这些合

并在一起，形成一个非正式的、基础广泛而被普遍接受的关于什么合适和什么不合适的认知——"在这家公司里究竟怎么推进事情"。

如果你读完上面这一段然后想到"等等，文化的定义究竟是什么？"，或者准备折个书角等过一阵子再回来看自己是否同意，那就请你直接翻到本书的"词汇表"部分，那里的"文化"的定义，是我们尽可能给出的抽象的、清晰的定义，是我们所有方法论的基础。无论是你在读这本书还是想要援引本书内容，我们希望那个词汇表成为你有用的工具和入门的基础。换句话说，那个章节，才是你需要折上书角的地方。

下面这个观点可能听着有些自相矛盾，但是请给我们一些耐心：每一家企业都同时具备两个文化：一个高度一致的、高屋建瓴的顶层文化，一个相互竞争、互为分裂的子文化。为了更好地理解这个观点，让我们暂时将注意力转移到卡岑最喜欢的一个图表上。卡岑称之为"三环图"，如图 1-1，已经在无数正式和非正式的场合被使用过：演讲的幻灯片上，会议室的白板上，甚至餐厅或者咖啡厅的餐巾纸上。业务领袖们对这张图爱不释手，因为它完美地诠释了文化的核心。

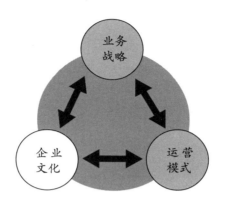

图 1-1　高效组织的一致性要素

　　我们都同意，战略性地明确了一家公司的前进方向，意味着公司对最适合自身优势的战场的选择。我们的运营模式决定了我们采用什么样的方式达成我们的战略，包括我们如何构建我们的组织和汇报关系，并且确保选择合理的治理模式，以最有效地支持那些战略举措的执行。而文化是这三环中的第三环，是驱动和支撑战略和运营模式这两环的动力。它是员工在聆听业务领袖诠释战略时的情感承诺（无论是接受还是拒绝），是员工每天在运营模式所规定的岗位上完成规定动作时的承诺和激情。当我们说文化无分好坏，或者说业务领袖中的高手并不刻意改变文化，而是巧妙地让文化与战略相一致时，这三者就达成了图 1-1 中的三环那微妙和谐的平衡——业务战略、运营

模式和企业文化的三和音。

卡岑巴赫中心的全球文化和变革调研有超过两千家的样本参与。年复一年的调研，让我们可以跟踪这些概念的不断演变。而年复一年的结果，让我们看到，不同层级的业务领导都认为，战略、运营模式和文化是相互关联的。实际上，大多数的调研参与者认为，文化比其他两环对企业的成功更为重要，而持有这一观点的人的数量越来越多——文化决定企业成败的时代已经来临。

如果你同意战略、运营模式和文化相互关联，相信你也会认同下面这个观点：就像任何一个大公司不会只有单一的战略或单一的运营模式一样，公司也不只有一个单一标准的文化。战略是实时调整和演变的，人们做出的决定大多时候相对一致，但分歧仍然会出现：有时候会导致混乱，而有时则激发"创新"。运营模式是画在纸上的，但我们都知道，任何一个组织架构图都不能清晰地勾勒复杂的、自发形成的、相互碰撞但又和谐的工作关系。每家公司都有一摞这样的战略和运营模式，张弛有序地组合在一起，有的时候是清晰明了的，有的时候则恰恰相反。企业文化也是如此：每家企业都有多个子文化，它们像在大家族聚会时，不同家族分支成员聚合在一起一样，在相互影响和摩擦中共存共生。这需要担心吗？只要不出现严重的冲突或分歧，就没有问题。

对于大型企业的业务领袖，在公司内部不同战略和运营模式间出现巨大差异时，对于识别和应对这类风险他们都烂熟于心。他们也往往习惯采用调整组织架构的方式，来修补这些差异导致的运营不和谐之处（想想阿列克斯一上来为什么认为组织架构调整是可以应对文化挑战的）。文化上的阻力实际上很难识别，而且更难应对。所以，即便是那些对"三环图"不断点头认可的业务领袖，在企业文化的话题上也会不自觉地变成拖延症患者。但是，哪怕是没有任何人去讨论或思考，每家公司也都有一个文化环境，强烈需要与战略和运营模式达成高度匹配。

文化环境的驱动因素是感性，而非理性的。这是为什么文化问题对大多数业务领袖而言，显得陌生甚至神秘。相较于其他组织元素，文化对一般的管理动作的"反应"也不同，比如文化会将那些传统的变革管理手段化解于无形。大型企业的业务领袖往往采用这些轰轰烈烈的，整体推进的大型转型工具。这些工具对组织的正式改变非常有效：企业并购时的大规模沟通、大型企业在面临困局时的变革规划，或者配合战略变化的激励机制调整等。但当我们面对的是企业文化中的感性能量时，传统的变革管理就显得力不从心了，无法催生企业所真正需要的深远变化，也就是存于变革所需核心人员内心的真实的感性承诺。

如果你希望企业真正实现转型，将企业打造成具有广泛员工基础的高绩效组织，那你就必须对员工的情绪、行为和其所代表的态度烂熟于心。你需要充分了解员工对何事会产生强烈的反应，无论反应是正面的还是负面的。我们将这一行为称为"文化洞见"——让你清晰判断驱动员工的真正因素。当你熟练掌握这一能力后，就可以将其运用于对员工每日工作的干预和影响，我们称之为"文化举措"。这些文化举措能够影响整个企业的大气候，使员工的行为、思想、感受和企业的战略愿景保持高度的动态契合。简而言之，我们要先掌握文化洞见，再运用文化举措。这是将企业的最佳状态激发出来的路径之一。

幸运的是，这件事没有看上去那么难，而且回报巨大。想象你的公司是一个企业文化具有真实活力的地方：企业自上而下，每个人都积极地关注他人的情绪、信仰和行为。这样的企业充满正向的紧迫感：在这种氛围里，每个人都对需要做什么和需要怎么做保持着高度的情感能量和承诺。员工希望推动企业向前，不仅仅因为他们会因此获得激励，更因为他们对达成既定的目标具有高度的集体责任感。他们相信每天的工作将能够逐步促成这些目标，而他们也会因此而得到认可。他们对彼此负责，不允许自己掉链子，失信于他人。他们很少感到厌倦、紧张或者焦虑，他们做的每件事都充满能量和灵感。他们主动和自然地合作，并从中获得快感。当你问他们是否知道企业为何成功时，他们的答案不仅为一个"是"字，他们会滔滔不绝，从不同角度去向你解释成功之道，而用不了多久，他们就会又开始追求进一步的卓越。

在一定程度上，很多公司都拥有这样的文化，健康的文化让他们非常与众不同。例如，在 Zappos，这家美国的卖鞋网店，员工将顾客关系的维护视为个人承诺：他们在工作中尽可能充满创意，因为他们知道顾客会感激他们，而这种感激让他们感到自豪。在颠覆行业范式的爱彼迎，每个岗位上的员工都深信，企业致力于达成"好客之道"的使命，且让所有人在世界的每个角落都有回到家的感觉，而他们把这种信仰不断地应用于工作的每个方面，抓住每个机会去支持和实现这个理想。在我们曾经提供咨询服务的一家南非金融服务机构里，员工拥有和爱彼迎员工类似的强烈的情感承诺，只不过他们拥有的是一个共同的使命——帮助他们共同的家园非洲。他们已经为此奋斗百年，打造和支撑了这片大陆上不同的经济体。与他们拥有类似使命的，还有一家全球知名的能源企业。其他企业，例如 USAA（一家专门服务于现役和退役军人以及他们家庭的美国保险公司）和西南航空，都有明确的企业文化，以关注顾客感受和激发员工努力工作而知名，在这些企业里，无论是企业高管还是普通员工，都不断被鼓励，并且做到使命必达。

成功的企业，哪怕是在同一个行业，文化也都可能存在巨大的差异。就拿星巴克和唐恩都乐举例，两家都是出售咖啡和食物的连锁企业，也都以其不断成功发展和充分满足客户需求的能力而著称。二者的不同之处在于，星巴克在打造其文化的时候，围绕着在家和公司之外构造"第三个地方"的概念，他们所做的每一件事都源于这种额外的价值感；而唐恩都乐则致力于高效、节俭和不拖泥带水，他们的口号——"美利坚驾着甜甜圈奔跑"——可不只是一句简单的广告词，它反映了这家连锁企业的文化。业务塑造了文化，而文化也塑造了企业。

类似的比较比比皆是。苹果、英特尔、谷歌和微软都在高科技行业，但彼此文化差异明显。再比如，保险业的安泰和政府雇员保险公司，物流业的联邦快运、联合包裹和敦豪，快消品业的联合利华和宝洁，服装业的博柏利和布克兄弟，航空业的三角洲、大英航空和西南航空以及酒店业的四季酒店和爱彼迎，都是同行业文化差异明显的类型。

员工即便已经在理性上认可了企业战略，同意了组织发展的大方向，但他们还必须走出下一步——问问他们自己需要对自己的行为、决定和工作方式做出什么样的改变，才能真正确保战略的成功。这就是所谓的"感性支持"，即员工的即时行为和选择主要基于感性反应，而不是抽象的理性思考。这就是为什么商业领袖们在考虑员工的理性驱动力的同时，要充分分析哪些感性因素可能导致员工采用不一样的行为。用一张组织架构图，来讲企业的运作规则是远远不够的。我们的调研结果清晰地说明了这一点：52%的受访者同意或者高度同意，在他们的企业里，企业的真正运营规则以及真正的决策链条，和纸面上所述的"理应"的规则是不一样的。员工只有在企业的文化支持和允许他们这么做的时候，才能走出舒适区，迈向新的方向。这也就解释了彼得·德鲁克的那句名言：战略，只不过是文化的一顿早餐而已。

要想推动企业前行，我们必须充分利用和改造现有文化环境彰显的部分，即引导它、在发展中不断保持一致、培养和增进任何改进带来的价值、展示其与业务成功的关系。卡岑和齐亚·卡恩（Zia Khan）在他们 2010 年出版的《超越汇报线的引领》（*Leading outside the Lines*）中，鼓励企业领袖们均衡考虑组织正式和非正式的两个方面，特别是这两方面是如何互相支持和影响的。两位作者力劝业务领袖们，在组织中要激发那种高度一致的领导力，全面地将企业推进到任何片面方式都无法企及的地步。要做到这一点，你需要找到并充分利用那

些企业文化中已有的、在过去往往被忽视的正面情感因素，以此将员工言行和企业成功达成高度一致。我们将此称之为"文化一致"。本书旨在解释如何达成这一点，一步一步地指引你如何掌握促成文化一致的关键少数元素，并落实于实际工作，包括正式的、书面的元素和难以捉摸的、非正式的情感元素。

"关键少数"的概念

如果你在一家大型成熟企业中工作，你应该已经知道，那些由于不断重复而变得根深蒂固的员工行为，会多么难以被改变。我们的调研结果显示，四分之一的受访者表示，他们公司的文化举措根本看不出任何效果。就像一个人要去戒烟或者控制饮食一样，企业里的行为改变需要领导者高度的注意力和坚持不懈。即便方法无懈可击，一个人的习惯的改变也不会简单到一蹴而就。但是，人的习惯终究可以改变，同理，企业文化也可以演化。而你，是可以引导这一切的发生的。

无论你是 CEO、企业高管、中层经理，或者只是一名前线员工，无论你在公司里扮演什么角色，你都有能力去推进文化的演变。你不需要喜欢现有的文化，你只需要关注其中好的部分，帮助你的组织逾越那些中断企业目标达成的壁垒。这样一条路，走的是目标明确的、有选择的拉通，而不是大规模的戏剧性的废止或替代。

一旦你发现了企业文化中激发员工的基本元素，你就可以开始"培育"它，以期与你的目标保持一致。这些元素能触碰到员工的情感，让企业的文化灵动起来。它们一方面具有广泛的群众基础，可以引起整个组织的共鸣；另一方面它们又简单高效，足以激励员工的日常行动。基本元素可以分为如下三类（每一类都将在后面的章节中予以阐明，并在名词表中简单说明）：

*特征：一套能够代表你的企业整体"家庭肖像"的特点——那些超越企业内部子文化的共同特质，是员工日常工作中共享的行为假设和工作时相互之间的情感连接。

*基本行为：少数经过精挑细选的、已经有部分员工每天都在执行的、一旦全员效仿就能引导企业成功的行为。

*真正的非正式领导（"AILs"）：几个或最多是企业里极为少数的一群人，他们在企业中显得突出，是因为他们具有高度的"情绪直觉"和"关系网络"。（本书的第4和第5章将着重讨论"AILs"）

　　根据我们的经验，当企业关注以上这些关键少数元素时，将有效降低企业文化的复杂度，并对企业的业务表现产生正面的、持久的、非正式的文化影响。最重要的是，这一做法可以在导入人行为中感性维度的同时，做到简单有效。由于它倡导员工在同事间寻求支持、洞见和鼓励，它自然提高了公司内部的社群连接度。当员工发现他们所信任和尊崇的人在尝试一些行为、帮助身边的人做同样的事并以此为豪时，这些行为就会快速传播，并保持和固化下来。

　　这种聚焦的做法一定程度上是与我们的直觉相左的。在面对复杂问题时，大多数其他的方法论都强调全面性和彻底性：举措也好、点子也好、框架也好、变革计划也好，都以文化可以被强行推向某种外部标准为前提，并以达到这类标准来衡量文化工作的完成。但是，我们至今也没能遇见任何业务领袖，能够清楚地告诉我们这样的做法可以改变企业的实际运作。复杂问题容易让人精力分散，而对全面性的追求很多时候只是劳民伤财。你所需要的，是清晰的简单性和少数几个能够带动所有人前进的元素以及通过几个核心的基本行为产生积极正面的情绪，把公司员工团结到一个共同的、清晰的文化运动中来。你不需要的，是一大堆需要去达成的目标或实现的结果。

　　简单需要自律。作为一个业务领袖，当为你的管理半径内的人寻找与企业战略一致的发展之路时，你需要做出许多困难的选择：能够产生共鸣的特征，令人不可抗拒的行为和那些具有影响力的"AILs"。

如果你想体会这种选择有多难，想象一下你现在就要明确公司上下都要采取的基本行为是什么。我们相信你可以轻而易举说出一打这样的行为，但是却很难做出取舍并最后聚焦于三到四个行为，因为感觉每一项都特别值得保留。然而，如果你不做出这样的选择，所有行为一起上，你就会被压得透不过气来，组织里的其他人也都如此。与此同时，变化效果将变得非常难以评估，你都很难分清究竟是哪种行为带来了哪些变化。如果你希望达成有效的变化和业绩提升的加速，你不能追求遍地开花。你需要做的，是聚焦于关键少数。

无论你是 CEO 还是一个前线员工，你职业生涯中值得纪念的一笔，往往都是对一个企业文化环境的改变。采用"关键少数"的原则和做法，你会为他人明确清晰的意义，你身边的人会更容易对所需的变化形成理性之外的，也就是感性上的承诺。他们将信任和尊重你在方向上的选择，并寻找追随你的路径。你将激发员工的激情和创造力，从而打造一个以内在价值和效率著称的高能企业。最重要的是，面对企业文化挑战时，你所做的要远比你所说的重要。这是产生情感共鸣的关键。这本书剩下的章节，将为你展示如何做到。

第 2 章

CHAPTER

关键少数特征

场景：同年三月，阿列克斯的办公室

卡岑：你看上去有点闷闷不乐。出什么事了？

阿列克斯：我刚刚和一个我们最优秀的员工，进行完他的离职谈话。他叫卡尔文，我们的一个年轻买手。

卡岑：这确实令人遗憾。他哪些地方优秀，又为什么辞职呢？

阿列克斯：卡尔文是一个非常具有进取心的年轻人，业务直觉也非常好。他特别关注业务成长，不论是他自己负责的品类还是整个企业。他开发了一些新的供应商，是一些很有意思的欧洲商贸企业。其中一家请他去做事，他昨天告诉我他想去德国加入那家公司。他说对方给的工资确实稍微高一些，但他谈得更多的，是那家企业看上去有多灵活，以及会给他多大的话语权。

卡岑：他为什么直接找你，而不是和他的直线经理沟通？这里面有没有什么问题？

阿列克斯：那倒没有。他向负责供应链的老大弗洛伦斯汇报，两个人对对方都非常好。他的另一个职业导师是负责技术的特兰斯。而我确实也想直接和他谈，希望了解更多他离开的原因。我的预算里有一笔灵活资金，用来做一些特殊项目。我原本希望用此来说服他转岗，直接向我汇报，但感觉他是去意已决。

卡岑：你了解到什么呢？

阿列克斯：他觉得他受够了，不是针对弗洛伦斯或者其他具体个人，用他的话说，就是整体的"官僚作风"。他说，在公司里做事有实在太多的屏障了。

卡岑：你们公司的内部运作一直是这样吗？

阿列克斯：是也不是。从运营模式的角度说，和零售同行相比，我可以说我们在很多方面都是业界最佳实践，人力、IT、市场营销，你随便说哪一个都是，而且我们的预算也不是问题。但是我们就是看不到结果。从纸面上看，我们做的每一个决定都是对的，但是如果你在办公室里走一圈，就会听到员工在抱怨公司有多少"部件"都是坏的。

卡岑：给我多讲讲，比如举一个员工抱怨的具体例子？

阿列克斯：嗯，比如我们的买手部，他们总是会站出来抱怨公司的差旅制度。和大多数零售企业一样，我们追求营运的扁平化，所以我们制度规定，所有副总裁以下的员工，出差都只能坐经济舱。国内出差还好，去欧洲就差点事儿了，如果去亚洲，那简直就是杀人了。我们的买手部员工，都是副总裁以下，而他们受到这个差旅制度的影响最大，因为我们的供应商大多数都是国外的。如果你是这个部门的员工，偶尔几次你可能还会以工作为重，飞去中国见我们的供应商。但是每天只睡两三个小时，还要去管理这些跨洋关系，实在是太累了。我们已经发现，这样的长距离出差越来越少，但是我们又能怎么抱怨他们呢？没错，他们每次出差只飞经济舱确实能省下几千美元的差旅费，但是公司整体就亏大了。

卡岑：为什么这么说？

阿列克斯：我们今年的产品组合看上去有点秃。我开始逐渐认为，是我们没有给我们的买手部更多的支持，导致他们没有花更多的精力和付出额外的努力去寻找更好的选择。我很郁闷，因为我觉得不该是我去告诉别人哪些政策需要调整，以及为什么需要调整。我要他们自己就能做出正确的判断。

卡岑：还有呢？

阿列克斯：另一个让我很有挫败感的是我们的市场部，他们好像进入了某种和我们的目标背道而驰的工作模式。他们做的所有东西，都要等到几乎完美才拿出来。这就让人很难抱怨了，不是吗？他们写的很多东西压根儿就没有人看，或者是我们总是比市场潮流慢两个月，错过好时机。我试着和市场部的老大艾福瑞说这个事情，但是一说他就很惊讶的样子，好像我是在要求他的团队降低工作标准。他的团队的工作方式，特别是那种为写一份完美的、无懈可击的文案而全员庆祝的样子，和我心目中打败我们的竞争对手的做法对比，完全不同。

卡岑：这是一个特别好的例子。我并不是说完美主义是一个缺点，相反的，很多时候，追求完美可以帮助我们规避重大错误。但也有很多时候，完美主义者的习惯会导致事情推进缓慢，让大家感受到无助的挫败感，就好像总是无法完成交与的任务。这种感觉，用我们的行话，叫作"文化无内聚力"的症状。但别着急，我们还没有开始"授课"。接着给我讲讲，你还想到了什么？

阿列克斯：我们还有浪费的问题。和其他有实际经营场所的企业一样，我们也有很多环境合规和节约的问题。如果处理得好的话，我们可以减少很多环境和物资浪费，也可以在采购成本上节省很多。大家想了很多显而易见的点子，比如在休息室安装感应开关的照明，司机在等待装卸的时候熄火之类。但是每个点子实施后都不长久，等不到看到实际效果就不了了之了。

卡岑：职能主管们互相讨论这些问题吗？

阿列克斯：很少。主管们的管理方式千差万别。就拿团队管理举例，我们有的主管特别能够激励员工士气，而有些人则连推带吓唬。我们基本不讨论哪种方式最好，甚至连哪种方式比较合适都不说。我的直觉倾向于前者，毕竟是你教给我，荣誉感比现金更能激励员工，更别说那些简单粗暴的说教。（听到这里，卡岑脸上露出一丝微笑。）但是我不知道应该怎么证明这种想法。我希望我在去和这样的主管沟通的时候，我的说法能有数据分析做后盾，否则我说什么，他们都有这样那样的经验之谈等着我，说不清孰优孰劣。

卡岑：你有没有想过把这些主管们拉到一起去坦诚地讨论这些问题呢？

阿列克斯：我试过用很严肃认真的方式跟他们讲，但是我的这些主管们就只会一脸茫然望着我："你不是在开玩笑吧！"我觉得我需要说得特别明确。如果我只是说"嘿，大家听好了，请大家精诚团结"，我可以肯定效果就跟没说一样。比如说，市场部和信息技术部真的需要一起开发一套客户数据分析系统。我们在实体店和线上有很多交易数据，但是我们没有工具去做有效的分析。我们的两位主管，谁也不愿意往前走一步，对他们来说，好像保护好自己的一亩三分地要比做点事情重要得多。再比如说，我的计划管理部规划好的预算，会计出纳部就是不签字，结果几个星期的工作白费，什么决策也推不下去。这听上去很过分吧。但讲真的，我确实不能所有细节都过问，所有事情都决策。

卡岑：嗯，我猜你的主管们会说，他们之所以不作为，是整个体系里有这样那样的障碍以及不好的氛围，基本上等于说他们做事也不会得到好的回报。做事不一定升职，别人反而会乘虚而入，所有这些都不值得。

阿列克斯：是的。我们有一些很严重的官僚主义障碍，比如，和别人的供应商沟通要事先征得允许之类。这些问题，不少是因为内部政治的宿敌、固有势力以及争权夺利。员工觉得他们在争夺同一份资源或预算，哪怕实际并非如此，哪怕大家的预算来自不同的地方。有时候我会觉得这些现象的根源来自我加入公司之前的历史旧账，导致了这样那样的小帮派和仇家。这些我很难全面了解，而且我也不认为这些事情的曝光能真正解决问题。我真的已经做好准备大喊出来："所有人，该翻篇了！"

卡岑：同时，对你而言最利好的消息是，大家实际上还是都关心这家公司，只不过方式各自不同。

阿列克斯：没错，他们都非常关心公司，只不过他们不知道各自是如何看待彼此的。

卡岑（忍不住笑出来）：怎么说呢，我应该是有好消息要告诉你。

阿列克斯：我很需要啊！

卡岑：上次见面的时候，我就跟你说过，和其他我见过的公司相比，你们的情况其实没有那么糟糕。现在我也依然这么认为。甚至你说的那些抱怨和争吵，都应该让你能看到希望。与你感受到挫败感的状态相比，感受到冷漠麻木是另一个极端，而冷漠麻木正是公司最糟糕的情绪状态。有挫败感，说明人们希望改变，知道有问题存在。他们之所以互相指责，或者认为是整个体系出了问题，是还没有看到一条清晰的发展路径。因为他们现在带着情绪，你不能只是简单告诉他们需要做什么。

阿列克斯：嗯，我马上就这么做。我明天就给他们写一封内部邮件。

卡岑（笑）：你打算具体做什么？

阿列克斯：嗯，我其实已经和我的人力资源总监依莲讨论过。依莲是这家公司的老臣，她是马丁当 CEO 的时候就加入公司的，而马丁是托比的前任。她告诉我，七八年前公司曾经开展过一个关于企业价值观的活动，那之后不久我就加入公司了。但是我告诉她，我从来没有听说过这个活动，连托比都没有跟我提过。依莲建议我们重启这个活动，重新定义公司在新时代的价值观。坦白讲我很怀疑这件事能产生什么效果。

卡岑：价值观是一个企业为之奋斗的原则，是我们必须讨论的环节之一。但是我同意你的直觉，关于文化的讨论不应该从价值观开始，也不该以价值观为终点。但是我们先不谈这个。你再给我讲讲你和团队都聊了些什么？

说到这个话题，阿列克斯脸上泛起了兴奋的神情。

阿列克斯：你和我一月份的谈话，真正鼓励了我和团队做更多一对一或者小范围的非正式沟通，而且不仅仅和部门主管，也和我全公司上下不同部门的员工。我让我的助理在安排巡店的时候，把所有半天的计划都延长到一天，这样剩下的半天我就可以和公司里不同的员工进行沟通。并且我尽量在谈话中撇清公司内部等级之类的因素，虽然这有些难。比如，我每次和他们谈话，都要求他们直接叫我名字，这好像有点作用。

卡岑（认可地点着头）：你都听到了什么？

阿列克斯：上次我们见面的时候，你鼓励我多去理解无畏是怎么定义自己的。所以我就问大家"无畏公司怎么就与众不同呢""无畏公司对我们每个人意味着什么"。但是坦白讲，效果好像不是很明显。大家听到这些问题的时候大多无所适从，有一个员工甚至拿出我们的市场宣传材料，给我念公司的使命愿景，好像我从来没有听说过一样！

两个人都哈哈大笑起来。

卡岑：这个开头可真不错。要精准地掌握一个企业的文化，理解那些真正推动企业运作的习惯、行为和信仰，你其实不能那么直接。绝大多数的时候，人们非常不习惯去讨论文化的话题，即便去谈，也会笨嘴拙舌。实际上，如果把关注点放在行为上——人们每天工作的时候所表现出来的真实可见的行为，就会对讨论文化有很大的帮助。这样，你就可以发现，什么样的行为可以引起情感上的波动，无论这种情感是正向的还是负向的。这种情感上的反馈，会让你知道什么样的行为能够在员工中触发、催化，

甚至产生相互连接起来的意愿。

你不需要从公司的最高层开始，虽然高层的参与很重要，但是你不能只是关注最上层的员工。你要审视整个公司上下，要关注不同层级的员工，建立一些讨论小组，然后从优劣两个方面去讨论出一个完整的图像。讨论的问题可以是："周末和邻居聚餐的时候，如果邻居问起来，你会怎么回答为什么喜欢公司""如果让你设计，你在公司最好的一天会怎么安排""你什么情况下特别想去上班""你不想去上班的时候，你会怎么跟你老公或老婆说""工作中什么事情会让你晚上睡不着觉"，等等。这些问题的答案配上那些正式渠道采集的数据（如员工调研、公司的价值观和使命），再加上那些非正式渠道采集的信息（如大家都说的，但是只有公司员工才能理解的那些笑话），你就可以勾画出一个更有血有肉的公司文化的挑战和机遇的图像。这个过程，和规划一个企业的战略一样。最终的交付结果应简单明了：一个大家都能够理解的核心特征清单，并用一种大家都能理解的语言表达出来。当然，这需要大量的输入和反复的讨论。

阿列克斯：关于核心特征，能给我举一个例子吗，比如……正直？

卡岑：不，我不会说正直是一个特征。正直是一个价值观，是我们要立志追求的。如果我在一家我认为正直的公司工作，这种信仰会让我的工作充满意义和目标感，它会加强我与身边的人的情感连接。通过有效表达和展现，价值观能够很好地做到这一点，因为它确实可以让我们建立共同的追求。但是在和别人对话的时候，除非特别理想的状态下，很难把价值观和人们的日常工作联系起来。而且，价值观很难对公司业绩产生直接影响，除非是那些在公司里受到高度尊重和认可的人在工作中展示了这样的价值观。

阿列克斯（满脸思考状）：嗯，或者在价值观缺失的时候。比如去年，我就必须为了维护公司正直的价值观，开除了一名跨过线的员工。

卡岑：发生这种事情总是很遗憾的。但是你做的是对的，而且证明了我所说的。价值观是必要的，是能够激励我们向前的。就像战略一样，价值观总是在我们前方半步，是我们奋斗的目标。树立价值观，并不断以此来提醒我们追求自我的不断完善，对于构建企业文化，是关键部分。但是价值观自身不能代表文化：价值观反映的是我们希望如何做事，而特征反映的，是我们现在做事的方式。

阿列克斯：那么，如果价值观不是一个特征，那给我说说特征，你觉得无畏公司的特征是什么？

卡岑：我用你自己说过的话作为例子。你曾经告诉我，无畏

是一家节俭的、非常重视流程的公司，这些其实都是很好的特征。特征是希望以一种确定方式行事的倾向，它直接影响公司的业绩表现。很重要的一点，特征是一个中性词。你会发现，它有时候会有助于业务，而有时候则成为业务的阻碍。我们的工作经历中，肯定有过这样的同事：他们严格遵循流程一丝不苟，但是我们很难把他们作为高潜质员工，把他们作为未来主管的苗子来培养。流程驱动的优缺点都很明显。

阿列克斯：你的这个观点很有意思。我们为什么要关注缺点？我感觉你一直在鼓励我正向地看无畏的企业文化，那么，难道我不该主要关注这些特征的优点吗？

卡岑：特征的优点和缺点，是一件事情的两面。如果你看不到一个特征的缺点，忽视它拉低业绩的一面，那你就没有看到完整的全局。更重要的是，你就无法掌握员工在看待一项特征时，所有可能产生的情感因素。例如，在一个节俭的公司中，员工一方面会因为按照预算完成工作或者找到节约成本的方式而感到自豪；另一方面，也会为一些人因小失大的行为感到讨厌甚至恼怒。特征既是能量的来源，也是阻碍的因素。你必须要能认清正反两面才能真正应对它们的复杂性。

阿列克斯：我能改变公司的特征吗？

卡岑：相较于试图改变公司的本来特征，顺势而为要容易很多。我们还拿节俭作为例子。在你们这个利润空间非常薄的行业里，放弃节俭无异于自杀。你所需要做的，是认可它的存在，在它有利于你的时候奖励它的贡献，并指出它阻碍你前进的地方。

阿列克斯：你的意思是我无法改变无畏？

卡岑：不，我可不是这个意思。但是我必须要告诉你一个坏消息：重大改变可能需要几十年，而不是几年甚至几个月就能完成。这是为什么我把这种改变称为"进化"。但是当你做出承诺并坚持不懈，进化可以是真实持久的。最好的业务领袖们才知道这个诀窍，而这正是我希望帮你完成的目标。

阿列克斯：变化需要这么久，听上去有些令人沮丧。但另一方面，我也确实没有听说过任何企业或者组织，能够一晚上就完成天翻地覆的改变。我相信我听到的。我们会按照你说的办。面对这样的复杂度，你建议我们怎么开始。

卡岑：你下一次的领导层会议是什么时候？

阿列克斯：五月中旬。

卡岑：太好了，这给我们留下一些时间。我认为依莲建议的重塑价值观是一个好点子。她向你提出这个点子，说明她希望能真正帮你把现在文化中的情感因素真正拉通，而这是她的专长所在。所以让我们利用这个机会，这应该是一个不错的开始。

同时，我们可以通过五月中旬的领导层会议，开始和更多高

管关于文化的沟通。这之前，不如你找依莲和几个人和你一起去做一些我前面说过的访谈。给弗洛伦斯打个电话，问问她是否感觉无畏的文化和卡尔文的离职之间有任何关系。卡尔文可是她最好的团队成员之一，她肯定愿意为此和我们一起，弄清楚到底发生了什么。

通过这些访谈，我们至少可以总结一份无畏公司特征的初稿，针对公司的价值观进行一次讨论：我们致力于什么，我们是一个什么样的公司，我们每天怎么工作。

阿列克斯：弗洛伦斯的办公室就在附近，我现在就去找她聊聊。另外，我很喜欢你用"我们"这个词，我能不能就此认为你已经准备好帮助我了？

卡岑（微笑）：嗯，我好像也找不到其他更好的事情做。

特征的定义以及特征对文化的重要性

文化特征在每个组织的灵魂中。它们是一家企业诸多特点中最突出的部分,如果把员工的想法、感受和行为视为一座大楼,那么文化特征就是建造这座大楼的脚手架。它们是稳定的、突出的,在一家公司内被大家共享的特质。对于那些希望了解企业文化挑战以及企业文化如何运作的商业管理者而言,重要的一点就是从对关键文化特征的挖掘和整理开始。做这件事情——诊断、自我反思、聚焦,是将文化不断进化和拉通,从感性和理性两方面同时促进员工能够完成工作任务的关键第一步,这也是我们在第 1 章中所述的文化洞察的步骤。

文化特征为什么重要?让我们做个类比,就让我们从阿列克斯说起。我们希望他的形象随着故事的发展应该在读者眼中清晰起来。阿列克斯坚守他的价值观,例如:他照顾他的员工,他强调职业操守。这些价值观,能和他产生共鸣、能激发他不断坚持,也让他希望能这样去定义他自己、他的员工和他的目标。阿列克斯还有一套核心的个性特征,比如他自信、野心勃

勃。这些个性特征，构成了阿列克斯。他甚至自己都没有意识到，这些就是他的根本，就是他皮肤下流淌的血液和肌肉附着的骨骼。如果你想让阿列克斯发生某种改变，比如说，为了他能更有效地分配时间，你希望他多花时间和管理团队进行沟通，而不是去做首席财务官（CFO）就可以做的数据分析，那你就不仅需要从他的价值观出发，更要巧妙地利用那些决定他日常行为的个性特征。任何试图理解他、和他共事，甚至促进他作为一个个体产生演变的人，都需要认识到这一点，并知道这些特征的变化将是缓慢的。

　　上面这些分析，是否意味着我们认为人是无法改变的，也就类比着组织和组织文化是无法改变的？这个问题的答案，我们在不断强调，而这也是本书理论的核心点之一：组织是可以改变的（或者更应该说，是可以进化的），但这种变化（或进化），需要能够很稳定植根于这个组织，才能真正发生。已经有充分的研究证明，大多数全公司规模的企业文化改革的尝试都功亏一篑。卡岑巴赫中心举行的年度全球调研中，四分之一的受访者回复，他们企业对文化的改变，到最后都无疾而终。这种"撬动失败"的原因，就是企业领导者忽略了"文化特征"这一因素。也就是说，没有去深挖、整理和针对这些让企业与众不同的核心特征做出行动。跳过了诊断和自我反思的步骤，直接追求解决方案，结果可想而知。

格雷琴·安德森的一个客户给她讲述过他是如何面试一家濒临垂死的零售巨人的。这个客户叫杰夫，他面试的企业无论在盈利水平还是品牌名声上，已经走了几十年缓慢的下坡路。面试杰夫的，是这家企业新任命的 CEO，岗位是针对如何扭转局势所建的领导团队的成员。据杰夫说，这位 CEO 是这样描述他的战略的：在一年内，他要将这家庞大的、动作迟缓和稳重的零售企业，转型为一家科技创新公司。杰夫根本没有去等工作录取书，而是直接落荒而逃。这是他的明智之举。（事实上，他把这件事当笑话讲给格雷琴·安德森，而后者立刻就知道他能够成为非常好的客户。）

追风做一些短平快的改变是不明智甚至不可能的。企业领袖必须立足于今天，充分理解企业现状：究竟是什么塑造了企业的"家庭特征"。做到这一点，也只有做到这一点后，企业才能关注员工的行为，发挥出其最佳的核心特质，并不断激发这些特质在每天的工作中带来价值。

让我们来看看阿列克斯的一个特征：野心勃勃。与他价值观中注重职业操守这一点不同，职业操守充满正能量和使人上进，而野心勃勃只是一个中性词。你可以想象出哪些场景下，阿列克斯的野心勃勃有助于他和他的企业，也不难想象他身边

的人在某些场合会被他的野心勃勃压抑得直翻白眼。现在假设你是阿列克斯的高管教练，你就要能够让他意识到，他不需要也无法改变他野心勃勃这一内核特质。他需要做的，是不断重复这个特征所带出的具有正向作用的行为，例如不断鼓励身边员工设立更高的目标；他还需要做的，是尽可能避免这个特征所可能导致的影响员工工作动力的行为，例如对身边领悟速度比较慢的同事缺乏耐心。

类似的，当我们讨论企业组织文化的时候，我们努力帮助大家认识到，企业文化的核心特征是中性的。这并不意味着这些特征平淡无奇或难以形容，而是指这些特征可能会导致正面或者负面的后果。企业核心特征同时具有感性特点。我们帮助企业推导或者定义他们的核心特征，这个过程会导致很强烈的情感反应，包括员工如何看待他们作为一分子的这个企业，企业如何帮助他们成长，以及企业又是如何限制了他们的发展。因此，完成一个中立的、冷静的诊断，意味着你要经历很多这样的情感波澜。而当你将总结好的核心特征向企业进行汇报和展示时，你又会发现另一波情感反应的产生：那是一种共同感被认可的满足，是一种被看到和被理解的快乐。

特征的推导

精准的、情感上高度共鸣的文化特征的推导，不是通过几场访谈就能够完成的。你需要接触公司各个层级的员工，通过设计好的访谈和小组讨论，深挖他们对企业文化的感受。进行这样互动有很多不同做法。在本书的附录中，我们提供了一份焦点小组座谈会提纲样本和一份样本访谈问卷。希望可以激发你的灵感。

表 2-1 列举的十二个常见企业特征样例，是我们几十年研究和客户项目中积累的经验。我们这么做的目的，不是限制你的想象空间，而是给你一些大概的框架。描述你的企业如何运作的特征很可能是你的企业特有的。比如说，我们给一家企业做文化特征诊断，这家企业上上下下的员工，都喜欢讲述企业的发家史，而"尊重传统"最终成为他们的核心特征之一。虽然有人会说这一特征可能影响企业的某些战略诉求，比如加强创新，但另一方面，它确实能够让公司上下员工产生高度的情感共鸣。而这一特征其实是很独特的，很难出现在我们给其他企业所做的诊断和总结中。

表 2-1　十二个常见企业特征样例

追求意见统一	小心谨慎
关爱	追求超越
等级森严	注重流程
个人主义	机会主义
注重关系	乐观
家长式管理	主张平等

　　在公司高层，获取高质量数据的最佳方式，是避免提出类似"我们的企业文化中的关键特征是什么"这样的直接问题。否则就会像阿列克斯一上来和员工沟通那样，得到的答案都是那些不疼不痒的陈词滥调。我们应该做的，是引导大家像讲故事那样，描述对他们重要的事情。比如，问他们为什么喜欢来上班？他们和同事一起工作的时候，最自豪的是什么？一起做决定的时候呢？一起互相激励的时候呢？把这些讨论设计成一对一的访谈，或者小范围的非正式的同僚聊天。你会惊讶甚至欣喜地发现，这样的 8~10 人的小组讨论，一旦确保了周遭氛围的安全和恰当，就会产生很多有价值的信息。表 2-2 列举了我们曾经用到过的问题样例，希望对你有所启示。

表 2-2 问题样例

常规类	公司文化优点有哪些？你在公司工作感到最自豪的是什么？
	公司文化里哪些元素阻碍了业务的发展？
决策类	公司里谁能够做出决策？主要是个人决策还是集体决策？
	公司决策时，主要依赖数据和分析，还是既往经验和直觉？
激励要素	内部流程和外部客户关系管理，二者的重要性关系怎么评判？
	员工到公司，主要是准备留到退休的还是只待几年时间？
	公司的员工，喜欢讨论过去的历史还是习惯着眼未来？
倾向性	公司主要培养全才还是专才？
	公司对风险的容忍程度如何？
	自给自足和相互合作，哪一样更重要？
流程和架构	公司等级观念有多强？不同层级发声都有效，还是主要听老板的？
	公司流程有多严格？即兴发挥式的流程突破能否被接受？

我们还可以问员工工作中最烦恼的是什么。被访者可能会借机发泄。要允许他们这样做，但是要注意引导他们不纠缠那些每家企业都有的问题，而关注那些只有自家企业才特有的特征和行为范式。如果被访者被引导到这个方向，他们就不难发现，这些让他们烦恼的，往往是一枚硬币的一面，而另一面恰恰是他们赖以自豪的所在。比如说，你在访谈中可能会听到有人说："我们是一个非常强调关爱的企业，但有时候，我们可能过度关爱，结果导致我们做出的决定，是'关爱'的决定，而不是'正确'的决定。"

有的时候，你访谈的那些员工哪怕不直接说明，你也能够感受到他们所描述的挑战和烦恼，往往根源于他们骨子里对企业的自豪感。比如说，鼓励赋能和自治的企业，会发现那些要求团队合作和标准化运营的工作往往很难推进。他们普遍的抱怨是："这里所有人都觉得自己是特别的，所以可以要求规则以外的特殊待遇。"另一方面，强调高度合作、共识驱动的企业里，员工会自豪他们参与了每个决策的达成，但是他们往往也发现，在这样的企业里，达成一件事的共识要花很多精力。

不可避免的，子文化特征也是存在的，自然而且合理。比如说，"以人为本"很可能是人事部的一个显著特征，而在财务部就没有那么明显;"安全意识"在门店运营团队为主的小组讨论中很容易被提及,但市场部绝对不会。这种子文化,并不仅限于按照职能产生。比如,在过去几十年的经验里,我们看到很多客户完成全球化改革之路。他们中的大多数,内部都形成了跨越物理国境的子文化:语言、穿衣习惯、宗教信仰甚至文字都可能成为这些子文化形成的促因。但是,一定不要因这些子文化特征之间的差异,影响到你对横亘整个企业的文化特征的挖掘和梳理。我们的客户里,包括很多大型的跨国公司,下属一个业务单元都可能是跨大洲的规模,也包括那些通过积极并购形成的"庞然大物"。然而,几乎每次都不例外,只要我们耐心完善地诊断企业并挖掘特征,都会惊讶地发现,这些大家伙们都拥有那些高度一致的共性特征。

除了访谈和讨论小组,其他的方法和数据也可以帮助你理解文化。比如,卡岑巴赫中心在全球范围内实施的调研,就可以提供那些适用于大多数企业的较为突出的文化特征。当然,这并非唯一的解锁工具,很多企业都在公司内部调研员工敬业度。普华永道的萨拉托加研究院(Saratoga Institute)四十多年前首创了一套完整稳定的人力资源指标,并且已经积累了一个跨行业的全球指标库。通过这个指标库,企业可以对标全球

其他几千家企业，分析其人才数据。很多企业，无论是那些自己设计问卷且运作过几年调研的，还是那些严格定期参加外部市场对标的，往往都会抱怨，这些调研结果并不能引发其所需要的变化。但即便如此，我们也要建议这些企业，就像建议你一样，把这些调研报告从柜子里拿出来，掸掉上面的灰尘，就着这些数据，和你信任的顾问头脑风暴，因为这些真的是很好的数据。我们曾经服务过一家企业，他们实际上是通过研究即将离职的员工的离职访谈记录，发现、分析并解决了折磨他们几十年的文化特征——官僚主义。

无论你采用什么方式洞察企业的文化特征，都需要通过独立观察来验证你的结论。

观察你的员工如何开会，如何闲谈，如何进行日常工作。或者像一个外来者那样观察公司和办公室的环境：人们在办公桌上摆放什么？绿植是否浇水？墙上张贴了什么？观察大家决策的速度快慢，观察那些加速或者阻碍决策的因素。自问公司的会议讨论，是充满情绪还是就事论事，以及这种风格是否全公司适用。

如果你是一家跨国公司，那来自不同国家和背景的员工是很自然地混合在一起，还是只在各自国家内部分别活跃？再观察你们公司的主管，他们是只在公司总部开会，还是会去到不同的国家和地区？你们公司的员工在乎什么？是什么激励他们？有哪些事情是他们只会在这家公司才做的？

我们在几十年的工作经验中，走进过无数的客户园区、办公室、会议室，往往能从上述的观察中看出客户企业文化的一些端倪。让我们看一些这样的例子。

二十五年前，苹果公司决定把公司总部园区的 U 形主干道命名为"死循环"。这种调皮的做法在那个时代非常罕见，代表着一种反正统的文化。几十年过去了，这种反正统的，有时候甚至是放纵式的办公室装修风格，从那些滑梯、滑板之类的异想天开的设计，到免费的零食和洗衣服务，几乎已经成为高科技行业的常规操作。

另一个例子，是美国的丹纳赫公司坐落在华盛顿特区市中心的办公室。在这个充满活力的首都圈里，这个办公室就绝对是毫不浮夸而只是朴实和实用。我们服务的一家医药企业，员工餐厅里提供丰富的新鲜食材和各种素食，不断提醒着大家公司对健康的不懈追求。一家在休斯敦的中型能源企业，在收购了办公室装修奢华（当然盈利水平差）的竞争对手后，自家办公用品的"寒酸"反而体现出公司文化中效率和节俭的核心特征。恰恰就在这家公司，当我们的一个咨询顾问去向行政人员借一块橡皮的时候，那位行政人员带着自然的笑容，从抽屉里拿出一块用过的大橡皮和一把剪刀，用剪刀将橡皮剪成两半，然后把大的一半递给了我的咨询顾问。这恐怕是最好的日常工作的点滴体现核心特征的例子。

这种"侦探"工作的目的，是列举出这家公司独有的文化特征的清单，以及这些特征对公司正向和负向的影响。你可以把一家公司的文化特征，想象成一列中性形容词，这一列的一边是它们的正面影响（公司发展的力量），另一边是它们的负面影响（公司发展的挑战或阻碍）。比如说，如果你的公司是一家强调集体共识驱动的企业，也就说企业里的每个人都在决策中有话语权。那么，从好的角度看，这有助于企业一旦达成共识，所有人都会认可并推进共识的落地；但是从相反角度看，如果一项决议没有共识基础，在这家企业就很难推进，甚至说，一个创意为了能够被所有人认同，需要不断修改，弱化矛盾冲突点，追求最大共识空间，从而导致最终的结果过于平淡中庸。如果把这些通盘考虑，那么不难看出，文化特征和它们的影响行为越明确，你就越容易清晰勾勒出这些特征可能在公司内造成的影响。

在完成这样的文化特征清单后（清单可以很长），请从中选取最能够代表你的企业文化的三到五个选项。这个选择过程一定要仔细，因为你选出的几项，将是你逐步改变企业文化的出发点和试金石。文化特征所代表的，是你的企业员工在企业最光辉和最黯淡的时刻形成"我们是谁"的形容词。我们在表2-3列出这样的特征应当满足的几个条件。

表 2-3　关键特征选择条件

·体现企业的本质特点。公司所有的员工应该对这些特征具有广泛共识，认为这些特征能够体现出大家工作中的行为本质。
·在全企业范围内产生共鸣。这些特征不应该只代表某一类工种（比如工程师）、某个国家或市场，或者某个层级。这些特征应该让绝大多数员工感同身受，哪怕这些特征在不同工种、国家或者层级所表现出来的具体行为会有所不同。
·能够引发正向的情感反应。所谓正向的情感反应，是指那些能够让大家感到兴奋，并且认同这样的反应可以带领企业走向更好更高效的状态。我们要确保这样的反应能够激发大家的激情和达成企业目标的承诺，并长时间地激励大家向前。
·支持企业的动机。你选择演进文化的目的，是将企业带向一个新的方向：为了变得更坚韧、为了面对外部威胁，或者为了追求新的机会。你选择的特征，应该与你的方向具有相关性。这些特征的正向影响（发展的力量）是支撑你的业务目标的情感动力的源泉，而负向影响（挑战和阻碍）则往往拖住你的后腿。

图 2-1 是我们在本书成书过程中，为本书虚拟的无畏公司所做的"特征分析"。（我们略微剧透一下）在下一章卡岑和阿列克斯的对话中，我们值得尊敬的（也是假想出来的）无畏公司的企业文化团队会选出公司的三个核心特征：完美主义、共识驱动、勤俭节约。作为完成这家虚构企业的故事的一部分，我们把一批同事聚到一起，头脑风暴了这三个特征可能带来的正向和负向表征，就像我们给真实客户做项目一样。在真实世界里，这样的头脑风暴一般要花几周的时间，而这一次我们是大家一起午饭的时候完成的（嗯，我们的幸运之处是我们的同事往往认为这样的头脑风暴非常有趣）。在实际工作中，这样的分析结果，我们会称之为"文化指纹"。图 2-1 是我们那次午饭头脑风暴的成果，而它和我们的一个实际客户案例非常相似（甚至达到了我们不便于在公司以外披露这家客户名字的地步）。

正向表征　　　　　　　文化特征　　　　　　负向表征

| ⊕ | 勤俭节约 | ⊖ |

· 增强企业可持续性发展，节省资本用于战略投入或股东回报

· 鼓励完善的投资回报分析，并避免浪费

· 当仅仅关注成本时容易打击士气

· 阻碍追求机会、承担风险和创新

| ⊕ | 共识驱动 | ⊖ |

· 鼓励集体对决策负责并推进决策的实施落地

· 培养透明和信任

· 利于形成审慎和通盘考虑的决策

· 拉长决策时间并可能导致重复部分决策环节

· 缺乏清晰责任承接，从而导致互相指责

| ⊕ | 完美主义 | ⊖ |

· 鼓励高质量、连续性和可靠性

· 过度分析，阻碍敏捷和创新

图 2-1　无畏公司的文化指纹

从文化特征到情感承诺

感性、非理性、无序的人性反应（比如：依附感、行为动机、亲和性、身份识别、内心阻力等）等概念，是我们每次文化讨论不可回避的内容。卡岑2003年的著作《为什么荣誉重于金钱》（*Why Pride Matters More than Money*）就曾经推断那些世界上最优秀的领袖和企业能够成功，是因为他们都善于在员工心中培养荣誉感。

卡岑曾经说："无论在哪个层级，那些具有在员工心中培养荣誉感的能力的企业主管，他们和团队往往能够达成更好的业绩表现。"这一观点，和美国心理学家弗雷德里克·赫岑伯格（Frederick Herzberg）的工作满意度双驱动理论非常契合。将鼓励高绩效变现的无形力量定义为激励元素就是出自弗雷德里克·赫岑伯格之手。他的一条著名的研究结论就是工作本身对员工就是一种激励。这一论断当年曾震惊四座，其中包括像丹尼尔·平克（Daniel Pink）这样的知名学者。弗雷德里克·赫岑伯格1968年发表的文章《再问一遍：你如何激励员工？》（*One More Time: How Do You Motivate Employees?*），今天已经被视为《哈佛商业评论》的经典文章之一。这个问题的答案，也是和弗雷德里克·赫岑伯格终身不断强调的观点一样："你要通过工作本身激励员工！"这同样是卡岑理论的基本面，和我们今天去拉通对齐公司上下的文化的思路也高度一致。无论你面对的是企业还是个人，你一定要仔细观察什么能够真正激励他们，并尽可能发扬光大。情感承诺并不通过外部理论或者框架催生，而一定是内生的种子发芽，继而得以开花结果。

卡岑在 2003 年之后的十几年里，一直坚信上面这条理论，并且他的研究也扩展到更多的情感因素上。与此同时，通过我们卡岑巴赫中心的研究和我们大量的客户项目经验，我们总结开发出一套方法，可以帮助企业在员工如何感受他们的工作和他们的工作如何支持企业战略和目标的达成之间，找到清晰的链条。而这其中，挖掘和定义企业文化的特征，是找到这种链条并释放情感力量的必需步骤。

让我们放慢讨论的步伐，因为毕竟会有人提出这样的问题：这一章大量的篇幅都在强调文化特征是中性的。既然如此，中性的特征又怎么能让人产生情感共鸣呢？无论如何，也很难想象一个人在听到"绩效驱动"这个词的时候热泪盈眶吧？但尽管如此，这么长时间以来，在一个个的案例中，我们目睹企业通过文化诊断推导出特征的过程，无一不是在追求精准、原则和标准的同时，几乎是有些自相矛盾地，打开了一个不那么精准、不那么原则性的空间，也就是感性的部分，即企业文化中非理性的、非遵从导向的一面。这又是为什么？

当文化特征（以及我们下一章所要讨论的行为）被清晰地表达的时候，它们会不断提醒和强化员工对远大于它们自身个体的组织的归属感，从而使其释放出情感的能量。在文化诊断的初期，我们的客户企业的领导往往对能否找到企业通用的文化特征表示怀疑。在他们心中，他们的企业是特别的，和其他企业不同，内部充满了子文化派系，甚至到了除了公司名片上的字体和名片上印的公司名字，就没有任何共同之处。但一次又一次，我们通过聆听、评估、讨论，又总是能够找到那些产生强烈共鸣的文化特征。那些代表不同子文化的员工也会点头认可，他们并没有想象中的那么分裂，而找到的那些特征确实代表了"这就是我们"。他们同时也会发现，他们是在用自己的语言体系去描述这些特征以及相对应的行为。

我们曾经为一家北美的能源公司进行过一次文化诊断，并总结出这家公司的四个文化特征：寻求共识、忠诚、关系驱动、尊重专业。你能想象出这其中哪个的讨论和达成共识的过程是火花最为激烈的吗？答案是那个看上去和人际关系距离最远的"尊重专业"。这一特征在这家公司中是融入骨子里的，所以去论证它是中性的就变得非常困难。换句话说，这家公司的领导们是如此确信他们的专家永远是正确的，任何怀疑他们的专家可能出错的话都会令他们无法接受。

经过好几个小时推心置腹的讨论，最终我们帮助整个领导团队达成共识：尊重专业这一特征确实会导致部分影响业务推进的习惯和行为。在这个过程中，我们举了不少在诊断过程中收集到的非常有说服力的例子，包括一些主管在下属提出不同技术意见时是如何强势沟通，甚至让下属落泪的故事。在这个过程中，我们一次次不断地强调，我们没有任何意图去从文化层面抹除公司对专业的尊重，而且即便我们有这样的想法，这也根本不可能成功。我们的目的很简单，就是帮助公司领导们意识到，尊重专业是一个文化特征，既然是特征就有其潜在的负面影响，所以未来在这一特征有可能阻碍业务推进时，就需要考虑应当如何应对。

有的时候，一些听上去相对中性的特征，会产生强烈的情感共鸣，并持续不断地影响一个人的职业。凯特·杜根是我们卡岑巴赫中心的核心成员之一，她在思略特还是博斯咨询的时代就加入了公司。超级勤奋工作是博斯的咨询顾问所共有的一个特质，即便是最资深的合伙人，如果需要和年轻小辈肩并肩做测算甚至调整幻灯片的文字格式，也不会有任何犹豫。公司的一个广为人知，而且非常形象的特征，就是"卷起袖子"。这个短语隐喻着那些可以直接观察到的行为，例如：加班到深夜、攻坚最复杂的问题、享受那些实操工作，等等。凯特·杜根从一名新兵开始就特别喜欢这个短语，她认为这一短语代表了公司最好的优点之一，是顾问团队们最高光时刻的表现。凯特·杜根描述她的职业生涯，就是这个短语在不断影响和激励她在实际工作中学习和进步，甚至包括有一次，一位合伙人鼓励她独自主导一个客户高层的工作访问时，用的就是"卷起袖子"这个短语。这本是一个会让她紧张恐惧的任务，但是她坚信的这一特征和她产生了情感共鸣，在她犹豫的时候"推"了她一下。

每一个伟大的公司文化，都或多或少与这家公司重要的方面产生深层的感性承诺。人们渴望被认可和被奖励。他们希望感受到身处团队的快感；希望学习；希望能和有能力和有担当的人工作；希望在一个能培育所有上述特点的文化中生存。当他们感受到这样的文化时，他们就已经和企业融为一体。工作不再只是交易性的，而他们的求知欲和激情会不断提醒他们向目标挺进。他们能感受到他们的工作在高歌猛进，而他们也随时做好了准备，享受荣誉、归属、探索、成就和任何其他成功给他们个人带来的回报。

第 **3** 章

CHAPTER

关键少数行为

五月第二周，某个临近黄昏的下午。无畏公司的一间会议室，只剩下卡岑和阿列克斯。环顾四周，桌上是空掉的咖啡杯，桌边是写满文字的白板，暗示着一群人刚刚离开不久。屋子前方的一块白板上，写着大大的"特征"二字，下面只剩下三个词语：完美主义、共识驱动、勤俭节约。

阿列克斯：我以为他们准备在这里常驻了！但是说真的，这是第一次我的管理团队把一个会议从中午开到了下班前……全程这么激烈。

卡岑：嗯，文化议题的讨论总是这样热烈。一旦开口，确实很难让人停下来。

阿列克斯：开始的一刻钟左右还是很安静的。当我介绍我们开会的目的，告诉大家我认为我们的业务问题的根源在于企业文化，以及我们必须对文化做些动作才能推进工作的时候，我觉得大家已经认为我在胡说八道了。

卡岑：关于文化的话题，人们习惯了老板高举高打，说些不疼不痒的话，做一些高大上的"文化变革"的举措，然后就跳到下一个话题。所以，大家当时的反应很正常，就是安静听着就好。

阿列克斯（沉思状）：嗯，弗洛伦斯救了我们的场。她马上就接过话题，举了卡尔文的例子，强调这是企业文化导致的离职。她当时具体是怎么说的来着？

卡岑（低头翻看笔记）：关于这个桥段，我记下来了："如果我们不理解我们最优秀的员工为什么在无畏看不到未来，那么我们就没有正视我们的文化，提出正确的问题。"这是一个清晰的转折点。你怎么看之后会议的发展？

阿列克斯：对，她举的例子能让大家切身感受到这个问题的存在。比如说运营部总监罗斯，他一般是特别讨厌这种"说不清道不明"的话题的，但是卡尔文实际上是他面试进公司的，所以他对卡尔文的成功自然而然有个人投入的感觉。弗洛伦斯的话让他意识到这件事情对他个人的重要性。

卡岑：凡事都是如此，一旦挖掘到情感层，事情就会显得更容易理解。很多时候，大家在讨论一件令人感到困惑或者无助的事情的时候，如果不能意识到这件事情在情感层面的真实反应，讨论也就变得无关痛痒。今天的讨论，由于触动了罗斯和卡尔文在情感层面的关联，所以让罗斯意识到这个问题对企业发展的重要性。这个头起得不错。但是你怎么看这个讨论所揭示的危机感？你觉得你的管理团队是带着什么样的问题思考结束今天的会议的？

阿列克斯：我认为他们已经意识到我们的处境：我们不能继续躺在过去的功劳簿上了，我们已经自鸣得意太长时间，我们必须动起来，要么带着无畏赶上现代的潮流，要么就真的会葬送公司的前程。那些拖着我们前进步伐的事情，比如客户分析和对网络安全的忽视，它们并不是独立而无关联的话题，它们实际上是威胁到企业长期生存的大环境的一部分。

卡岑：说得很好！你已经很清楚地点到了我们专业体系里所说的"文化优先"。这就为你们未来的讨论定下了基调，这对后面的工作非常有帮助。怎么样，今天的会议后的感受，和你上次季度会后有差别吧？

阿列克斯：绝对的。今天的会议大家明显不像以前那样互相指责。就拿艾福瑞来说，他的发言听上去还有些冷嘲热讽，他就是这么个悲观主义者的个性，但即便如此，他今天在对大家的讨论挑刺儿的时候，也比以往听上去更有建设意义。

卡岑：我同意。特维斯和弗洛伦斯今天表现得特别好，他们在挖掘和总结特征的时候，和很多人都互动深入，特别是绝大多数的主管人员。大多数人都认为今天的成果中有他们的贡献，所以这件事未来的走向就和他们息息相关。同时，我觉得你采集到了中层和一线员工的意见非常好。你对今天总结出来的关键文化特征满意吗？这三个词有没有让你惊讶？你觉得它们能代表无畏吗？

阿列克斯（忍不住笑出来）：我完全认同的就是"勤俭节约"。说得不好听些，有些人甚至会说我们小气。我们上次谈话的时候，你一下子就抓住了这一点，所以我很满意地看到这个特征在过去几周的访谈和今天的讨论中被多次提出来。关于"共识驱动"，那几乎就是点到了我们的命门。在我们公司，如果一件事没有去征询过超过二十人的意见，那就根本不可能达成决议，结果我们每次选择的，都是冲突最小的选项，而不是业务发展需要的那些勇敢的动作。三个特征里，我觉得最难理解的是"完美主义"。我一直以为这家公司的人就是热衷流程和习惯守规矩，现在发现这其实是因为追求完美，让我觉得很有意思。当然，这有可能是因为这个特征是我没有关注过的。我关心的可不是是否完美，而是事情能不能做成！

两人都笑了起来。

卡岑：无论你多么希望事情能做成，现在都还不是庆功的时候。仅仅描述出令人向往的未来状态是远远不够的，你还需要鼓励大家向着这个愿景方向迈出实际的步伐。对于无畏今天的企业文化，你们已经总结出一套真实的、共同的，或者我应该说"共识驱动"的观点。这些特征描述了公司是如何运行的，这是将文化和战略对齐的第一步。同时，你对第二步也开了个好头，那就是理解大家是如何感受这些特征的。

你还清晰地描述了希望未来公司变成的样子：一个更现代的企业，一个能敏捷地实施勇敢的措施、能够更有效地执行以及能够更注重实际管理成本的企业。下一步就是行为了。你需要让大家清楚地认识到什么样的行为能产生这样的不同。这一步是真正

落地的开始。

阿列克斯：你以前跟我提起过行为，但是我倾向于让事情自然发生一段时间。你不觉得我们今天是向前迈了实质性的一大步吗？感觉就像是一个分水岭，也许我的管理团队这次是真正理解了。我们来看看是否有什么重大的变化发生。

卡岑：如果你就此止步，那你犯了一个经典的错误。但是别灰心，很多和你一样的CEO，都会犯类似的错误，那就是过早宣布成功。今天的会议，让罗斯、特维斯、弗洛伦斯、艾福瑞和其他所有参会人，对文化有了更深的理解，了解到什么文化可以在无畏激励员工，这当然很好。但是，仅让管理团队针对文化形成洞察意识是不够的。你现在要做的，是把大家的这些理解和他们的实际工作联系起来，无论是对这些人还是公司里的其他员工。你必须要落实到行为层面，这样才能培养大家对这些行为产生感性能量和承诺。

阿列克斯：给我举个例子吧。我是一个喜欢谋略的人，告诉我具体应该是什么样子的。

卡岑：嗯，比如说，以前的绿色环保举措被大家提出来几次。我们在讨论卡尔文的离职的时候，艾福瑞甚至拿这个做例子，来说明无畏公司"坏了"。你注意到这一点了吧？

阿列克斯：是的，那件事非常有趣。我以前并不知道他和他的市场部同事一起，为托比的这个举措投入了那么多的精力。绿色环保举措无疾而终，显然让他很失望。

卡岑：设想一下，如果这个举措不是采用了那种自上而下的在办公室墙上贴海报宣传的方式，而是从普通员工的日常工作中、在大家拼搏的战壕里逐步演进的，你也许就已经看到真正的变化了：感性的拉通，而不是理性的遵从。

阿列克斯（将信将疑）：你是说那个绿色环保举措，曾经可以改变我们的文化？这听上去好像有些过于简单了，好像我们把我们真正关注的问题放在一边了。我们要讨论的是如何让公司更加敏捷，跟上 21 世纪发展的步伐啊。

卡岑：我不是这个意思。文化的含义远大于强调一个公司要做好事。如果无畏的企业文化与公司的战略和运营重点连接得好，管理层就能够把绿色环保举措设计得更务实，更有黏性，更可持续。实际上，管理层设计任何举措，比如那个关于网络安全的，都更容易启动和执行，因为他们在做的过程中，问自己的问题会是："我们怎么设计这个活动，能符合大家的行为习惯，能让大家干的时候感受好，而不是心里充满抵触感。"

阿列克斯：我明白了。听上去不错啊。但是这应该怎么实现呢？有什么诀窍呢？

卡岑：往前走的路，和几个月前我们讨论后你所做的没有本质区别。还是那句话，关注公司内部，找出那些最优秀的和最能够在员工中产生正向情感影响的因素。与公司不同层级的员工沟通，了解他们每天如何工作。找到那些能够代表无畏公司的大家已经在做的行为，分析出这些行为所代表的感受，然后条理化地选择"关键少数"行为，将它们和那些能够持续稳定地鼓励员工的感受联系起来。

阿列克斯：嗯，所以先尽可能开阔思路，然后再深入分析，并且一直将对话和讨论对准终极目标。这听着有道理啊，但是又好像需要很多的投入。我怎么能做到一边做这个，一边运营一家公司啊？

阿列克斯一边说一边漫无目的地浏览着手机，就好像那些没有回复的邮件，正在把他的注意力从这间办公室拉走。

卡岑：我其实觉得你可以把这项工作的核心要素分配给你的几个管理团队成员，那几个感觉上已经被认可的"关键少数"，让他们来实行这个举措。弗洛伦斯和特维斯是很明显的选择，艾福瑞不像是一个常规选择，但一个悲观主义者有时候会很有价值，值得你和他单独谈一谈。这个运动也不能只是管理团队参加，你应该邀请一些更低层级的员工参与。你还可以利用这个机会，让一些日常岗位上很难合作的高管人员能更好地合作。

卡岑的语速慢下来，因为他发现阿列克斯并没有听他说话，而是在看他的手机。阿列克斯抬起头，满脸道歉的表情，举起手正准备说话。这时候，随着一阵敲门声，会议室的门开了，弗洛伦斯满脸兴奋地走进来。

弗洛伦斯：我有一个超级棒的好消息！你们猜谁刚刚打电话来？卡尔文。他想回来咱们公司。他去的那家电子商务公司并不适合他，所以他想知道我们是否还愿意接受他回来，做他原来的岗位。

阿列克斯：我也是刚刚收到邮件，正要告诉卡岑。如果你们不介意，我现在就去给卡尔文打个电话。

他说完就离开了会议室。

卡岑：这太棒了！我已经开始期待见到卡尔文了。阿列克斯对他的评价很高，但是你怎么看上去有些担忧？

弗洛伦斯：他的岗位，我已经雇了一个继任者了。这个人上个月入职上班的，而且还做得非常好。我担心我的预算里没有卡尔文的部分了。

阿列克斯重新回到会议室里。他看上去明显有些紧张和心不在焉，但是还是很自然地加入到讨论中来。

卡岑：我有一个非常规的建议，而且我觉得阿列克斯肯定会支持。

他看着阿列克斯，后者对他发出会心的微笑，双方点了点头。

卡岑：让卡尔文回来参与那些专项，让他在接下来的几个月里主导这个文化改革工作，直到我们找到适合他的下一个岗位。他明显是一个敢于在领导面前谏言而且在现在的管理团队中颇受尊重的人。也许他能帮我们在文化演进方面打响头阵！

弗洛伦斯（满脸好奇）：所以这个文化改革是真的了？我也想参与。

阿列克斯：我完全支持。让我们好好筹划一下。弗洛伦斯，我们明天找个时间讨论。我们有很多工作要开始准备。卡岑，我不觉得我们现在能离开你，请你不要走远，好吗？

卡岑：我这个周末要去看我孙女的舞蹈表演，但是这周剩下的时间我准备就在这里驻守了。我听说今晚卡西莫餐厅的羊排有特惠，而且我喜欢继续我们的讨论。不如我们几个小时后在餐厅边吃边聊？

首先改变行为

　　很多像阿列克斯这样的公司高管，很难掌握如何利用情感的能量去驱动优先事项的达成，而他们普遍面临一个基础性的挑战：如何从诊断阶段过渡到引导阶段？当你分析总结出一套清晰的、细致入微的、和外界洞察相印证的公司文化的敏感一面后，如何鼓励文化向你所需要的方向演进？有什么办法让更多的人能够参与到互动中来，促进业务发展呢？你如何从只是口头上讨论事情应该怎么做，转变成让那些关键岗位的人真正动起来，产出更好的结果呢？

　　我们认为，对企业文化进行干预是有具体的方法的，那些实实在在的步骤不仅可以加速短期业务结果的达成，也可以帮助我们实现真实的、可持久的文化进化。一方面，我们认识到这种可持久的文化进化必然是缓慢但稳定的，但另一方面，我们也强调长期有效的组织改变应该包括简单而清晰的行为改变。这种行为改变越具有习惯性，也就是成为所谓的"主旨习惯"——一个由我们稍后会提及的作家查尔斯·都希格（Charies

Duhigg）创造的名词——效果就越好。员工们不需要必须意识到他们正在被一次文化变革所影响，但是他们必须知道，他们需要用一种新的方式工作，而且这种新的方式后面有合理的理由支撑，因此不会是临时起意。这样的新行为方式，日复一日，就会变成一种习惯性的、被奖励的和被认可的行为。

我们的这一观点得到了管理学和神经科学方面的研究的支持，我们几十年来日积月累的客户服务经验也能够予以佐证。这些支持和佐证，最后都可以用卡岑最喜欢的一句引言说明。这句话是理查德·帕斯凯（Richard Pascale）在他与人合著的《正向偏差的力量》（*Power of Positive Deviance*）中所述：

"相较于根据新的思维方式引导人的行为改变，人们其实更容易在新的行为方式下形成新的思维方式。"

对于形成一致性的支撑战略执行的组织行为改变，文化是至关重要的。我们用第二章中凯特·杜根的例子对这一点予以说明。凯特·杜根的那个项目的合伙人鼓励她尝试新的领域，其做法就是将某一具体行为（这个例子里是去独自组织一次高层会议）和能让凯特·杜根产生情感共鸣的一个文化特征（卷起袖子）联系起来。这一做法为何有效呢？因为他巧妙利用了"人们希望归属于一个组织"这一特点来鼓励凯特·杜根去挑战自我。对于凯特·杜根而言，卷起袖子是一个对她具有高度吸引力的组织特征，而这名合伙人让她意识到某一行为和这个组织特征高度吻合。同时，他还将这一与凯特·杜根自身价值观一致的特征，和一个公司更大的战略目标联系起来，那就是"对客户产生影响"。

从凯特·杜根的角度而言，这一经历也是充满正向意义的。之所以这么说，在于经过多年之后，凯特·杜根依然会提起这次经历。无论从感性还是理性层面，这都是她职业生涯中重要的一个时刻。今天的凯特·杜根已经是一名经验丰富的会议组织者，她对这一能力非常自豪，而曾经的她几乎不可能组织会议。这是件非常不简单的事情。她不断重复和内化这一行为，这已经成为她的工具之一，并且根深蒂固，习惯成自然。凯特·杜根是一个非常好的例子，展示了一个人的行为是如何改变的，以及这样的改变在一个大的组织环境里将产生怎样的影响。个人的经历发展与这份经历又是如何与一个更大的集体相交错的。这正是行为如何驱动文化的改变，以及行为又如何被基本普遍的情感所驱动的典型例子。

行为（而不是心态）的改变，是干预企业文化改变的最有效的方法。这一观点是"关键少数"理论的灵魂。查尔斯·都希格在他的著作《习惯的力量：生活工作中，我们为什么会做我们平常做的事情》（*The Power of Habit: Why We Do*

What We Do in Life and Business）里，极具说服力地论述了"主旨习惯是如何促进转型的"。查尔斯·都希格所定义的主旨习惯是"能够产生连锁反应，在公司内部推进时可以影响其他习惯发生变化的行为规律"。换言之，如果你希望改变员工的思维方式，不应该主要依赖与员工的理性讨论，而是尽可能改变他们的行为方式，哪怕这些改变刚开始时非常不自然。时间久了，随着这种新行为产生规律性，人们看待这些变化的心态也就会随之改变。当他们因为这些行为产生的正向结果而获得奖励时，正向的情感也会产生，并进一步促进这些行为不断重复，从而形成良性循环。

查尔斯·都希格 2016 年在《纽约时报》上发表了一篇名为《五个提问是如何让我能坐下来和孩子们吃晚饭的》（*How Asking 5 Questions Allow Me to Eat Dinners with My Kids*）的文章。他在这篇文章中采用了主旨习惯的思路。查尔斯·都希格家面临很多家庭的普遍问题：全家人都很忙，大家很少能一起坐下来安安静静地吃晚饭。因此他和家人决定推陈出新，用管理科学的思路，解决家庭晚餐的问题。查尔斯·都希格借用了经典的丰田生产体系的"五个为什么"方法——设定一个问题，然后不停地问"为什么"，直到找出问题的根源。通过这个技巧，查尔斯·都希格一家找到了他们每天混乱不堪的原因所在：每天早晨孩子们穿衣服的时间都过长，结果从早晨出门就开始迟到，导致一系列连锁反应。于是全家人找出了解决方案：孩子们前一天晚上就把第二天上学要穿的衣服准备好。都希格后来说，这一改变的直接结果，就是平稳的早晨、高效的工作时间以及全家人经常可以其乐融融地享受家庭晚餐。

　　前一天晚上准备好上学穿的衣服，这是一个典型的"主旨习惯"，就是心理学家们所说的"前置行为"。这些习惯或行为都是清晰、可执行、高可见度而且效果能够及时产生的。同时，它们就像"病毒"一样，只不过被"传染"和鼓励的，是一系列正向的行为，集合在一起帮助都希格一家完成了既定的目标。更为关键的是，这些习惯或行为可跟踪，结果可度量。你可以想象一下，都希格家的墙上挂着一个家庭挂历，每个孩子晚上准备好明天的衣服后，就可以去画一个对勾；到了周末，全家人共同庆祝这一周家庭晚餐数量的达标。事实上，当我们能感受到变化的发生而且能够庆祝这种变化时，我们就会很自然地去重复导致这些变化的行为。这是人类的本性，我们会不断去寻求社会和群体对我们行为的认可。因此，我们可以利用这一本性，鼓励那些能够带来我们所需要的变化的行为。

行为改变的影响：我们工作中的实际案例

一个个体或者一个小团体，显然是可以通过关注行为的方式达成一些所期望的变化的。但是，如果我们面对的是一个复杂的全球化企业呢，这一原则和方法还真的适用吗？我们认为是可以的。卡岑向虚拟的阿列克斯建议的"纪律性、持续性、耐心"是将那些单独事件和案例扩展到真实的、持久的、规模化的改变的关键。我们过去几十年的工作经验足以印证这一观点。

几年前，詹姆斯·托马斯负责过一个大型石油企业的项目，希望通过行为改变将企业文化中的相关元素与企业战略目标保持一致。其中一项战略目标是确保全公司上下在更低的盈利水平下保持运营。为了产生更多的节约成本的点子，公司鼓励钻井平台的经理们每周专门就这个话题开会讨论。这种做法和都希格家的做法非常相像，是在更大的规模上进行的"五个为什么"。

在诸多这样的讨论中，经理们发现维修甚至更换那些不当操作导致的机械故障的成本异乎寻常地高，而这背后的原因实际是每天使用这些机械的一线员工并不知道这一成本。也就是说，直到这一讨论发生之前，员工并不了解他们的行为（如何操作机械）与企业整体目标（节约成本以保持竞争优势）之间的关系。

这一关系一旦被建立，员工自己就会提出更好的节省成本的建议。其中一个营地的一线员工建议在所有的机械上贴上价格标签，这得到了立竿见影的效果。这些行为和效果激发了其他的分析和新的行为。比如，有一名员工提出，常年开启冷却风扇其实没有意义，特别是在温度已经下降之后。就这样，新的点子一个一个冒出来，从一个营地传播到另一个营地。更多的节约成本的"行为"逐渐成为习惯，并且在全公司内部自然发展。这些习惯被认可、接受和奖励，并从一次性的举措固化成日常工作，成为企业文化中固定的一部分。以前一直被忽略的事情，现在成为企业赖以自豪的元素和企业内部相互影响的渠道。

卡岑的另一个客户案例中，一家通信公司希望提升他们的客户服务水平。在我们与高管沟通之前，这家企业已经采取了诸多举措但都收效甚微。我们发现，很多企业在开始的时候都认为加强与员工的沟通就可以达成目标。这家企业也是一样，但是张贴在呼叫中心墙上的，要求员工对顾客保持礼貌减少抱怨的海报一点效果都没有。这之后，企业采用了更猛烈的举措，对所有员工进行了同理心培训，但这些培训也没有产生实质性的效果。

　　我们的项目从与一线员工展开的大规模沟通开始。我们不仅会问他们如何看待上述举措的效果,而且会了解他们如何看待每天工作背后的价值,什么激励着他们,什么让他们烦躁,以及什么能够帮助他们度过最艰难的日子。不难发现,公司的前期举措,主要是从员工的思维模式入手,企业领导们认为员工可以被强制改变成用不同的心态看待顾客,去用更多的同理心与顾客交流,而这种同理心能够提高他们的工作质量。这种将同理心和客服质量连接起来的想法没有任何错误。卡岑巴赫中心的研究表明,整个组织有意识地培养同理心,确实可以帮助客服公司长久保持竞争优势。但这家企业做错的地方是,认为这种改变可以通过强制或者操纵心态的措施达成。实际上,这种改变只能通过培育或者鼓励行为而实现。

　　我们采用了不同的方式。通过对呼叫中心的观察和对数据的分析,我们发现那些客服水平较高的中心普遍存在一个共性:员工之间有很明显的正能量的情感连接。更准确地说,那些员工相互合作、彼此关照的团队,在对待客户的时候往往能更为礼貌。这样的行为改变在形成习惯后,等于思维方式的变化,而且效果来得更简单、更有说服力、更持久。这一发现,激发了我们和客户领导层一起设计和实施了一套新的方案,以提升员工的同理心:一套基于提升团队集体行为的培训计划,而这些集体行为，都是被领导们确认为对提升客户满意度具有"根源性""主旨性"和"前序性"影响的行为。

从基本行为到全企业行为

将基本行为这一简单概念应用于复杂的全球组织转型，需要什么？答案是时间、耐心和择优心态。为了解释这一点，我们将都希格的晚餐实验与前文的石油及通信公司的案例进行比较。试想一下都希格的家庭实验持续了多长时间？很可能是数周。那个实验需要四个人的集体承诺。几个星期后实验结束，他们能看见并理解某些模式，因而更好地确定（a）是什么因素在发挥作用以及（b）这对于付出更多努力实现既定目标——家庭在晚上聚餐更频繁——有多大的潜在意义。相比之下，尽管石油和通信公司的例子背后的简单逻辑相同，所阐述的核心原则也相同，但它需要持续开展好几个月，不断假设、收集（和丢弃）想法、进行实验和链接领导力。若要从一系列新想法中找出少数的、可能影响全企业的明智想法，并容忍试错以筛选和重组关键的少数，就需要各级领导者的纪律、严选、处理和

集体投入。图3-1展现的框架有助于这类交流,明确行为的含义。

行为应该……

┌─────────────────┐ ┌─────────────────┐
│ 足够**普遍**,适 │ │ 足够**严格**,与 │
│ 用于所有群体   │ │ 企业战略相关   │
│ 和层级   │ │   │
└─────────────────┘ └─────────────────┘

┌─────────────────┐ ┌─────────────────┐
│ 足够**简单**,新 │ │ 足够**具体**,基 │
│ 来的员工也能   │ │ 于企业现有文   │
│ 理解   │ │ 化优势及挑战   │
└─────────────────┘ └─────────────────┘

图3-1　行为阐述

许多领导者发现很难只关注部分行为,所以他们常叠加指令。他们过度追求全面的框架,认为"付出巨大的努力以及完成所有的任务,我肯定会看到改变"。但是他们为改善表现所做的努力依旧关键点不明,令人费解。即使这些努力与最终目标一致,但也会相互冲突甚至相互破坏。简而言之,大多数致力于改变文化的行动都过于全面、按部就班、晦涩难懂和迫不及待。

这就是为何将行为范围缩小至关键的少数如此重要。一旦行为被确定和阐明并受到支持，就能夯实现有文化。这一方法只需要关注少数，它与试图改变整个文化，从而与外部框架保持一致的方法之间有着巨大差异，差别在于一个简单的行为——严格筛选，也就是实用主义的纯粹真实的核心。

所以，选择就是关键，但是在开始选择之前，我们要清楚什么是"全企业基本行为"。

全企业基本行为的定义

我们与世界各地的客户重复前文介绍的流程，制定了有效的全企业行为列表，表 3-1 简要摘录了该列表。它们共同的主要特征如下：首先，简洁连贯，这些行为是指令，都有意以动词开头，反映出任何关键行为的最终目标是按照该行为采取行动。它们不是情感、态度或感知，即便这三点也很重要，但都是不可见的，无法公开处理和衡量，因此，我们没有把它们纳入这个列表。表中的行为简单明了，反映了如何与每个客户密切交流，员工如何协同工作。最新来的员工也可以理解。

该列表包含了所有最佳行为吗？是否进行了排序？是否明

确什么行为是最有效的，能带来你所追求的"绩效文化""对
齐文化"或"创新文化"？问题太多了，要是每次我们听到这
些问题就能赚一美元就好了。但是，答案可能要令人失望了，
世上没有完美的举措。一个行为对某一家公司效果极佳，但在
另一家公司就可能毫无用处，对某个行业大有裨益，对另一个
行业却可能百无一用。

表 3-1　全企业行为范例

全企业行为应当
·利用商业目标及任务来指导每日的项目工作和决策。
·推动他人决策。
·鼓励有关权衡质量、速度和预算的直接沟通。
·认可彼此的成就，支持彼此。
·自由且自愿地提供自己的专家意见，同时支持他人的决定。
·创造对确定性的需求，不允许重复决策。
·在社交场合了解他人。
·利用数据评估风险，对自己的推荐的解决方案负责。
·明确决策及决策背后的真实情况。
·花更多时间在办公室外了解客户。
·利用细密的内部网络创建跨组织关系，追求双赢目标。
·积极观察对上下游的影响，然后再做系统性改变。
·明确对齐资源及优先的机会，使影响最大化。

　　但好在现在某些行为适用于贵公司，如果了解自己的企业

文化特征，你就可能发现这些行为。特征是中性的，而期望的行为是正向的，如果受到鼓励，你寻找的行为会使企业朝着既定愿望和战略意图的方向发展，同时与企业的基本特征保持一致。简而言之，行为必须要与文化合作。

企业的有效行为应该：

■ 利用现有的自豪或其他情感能量的来源，为自身追求提供内在动力。各公司的自豪来源各不相同，例如，驱动基于任务的医院相关员工的可能是照顾患者的承诺；一家享有盛誉的大公司的员工可能会为自身与全球认可的高端品牌之间的联系而无比自豪，比如，可以向朋友夸耀；创业公司的员工可能喜欢挑战以及创造新事物。在了解现有的文化特征的过程中，你应该已经对这些情感能量来源有了很好的了解。

■ 解决妨碍实现愿望的障碍。例如，在定义文化特征时，你可能已经确定基于共识的决策会对你的迅速行动和创新举措造成阻碍。因此，有效行为应该是个人对决策负责而非寻求共识。

■ 鼓励重复能够实现目标的行动。如果你列出了与每个特征相关联的一系列行为，那么你已经列出了最有效的行为，要将这些行为有选择性地强调并添加到你的长列表中。

　　尽管并非所有行为都能符合以上目标，但每个行为至少要能符合一个目标。

　　如何辨别行为对企业是否有效？最佳办法就是在与企业文化特征保持一致的同时操作。你将使用许多信息来源来确定企业文化：访谈、焦点小组、现状评估，现有员工敬业度调查以及你自己的观察。你在调查期间，可以制定一份自己认为可以帮助公司实现目标的行为的综合列表，然后保持自律和严谨，致力于关键的几个行为。

　　为更直观，我们来看一个真实的例子。表3-2摘自我们与一家跨国公司的分析表格。这家公司采用关键少数的方法加速实现全球转型，最终通过各级领导的努力，该公司符合特征，做到了关键的少数行为。在这一过程中，多出的一步是表达"期望"，换句话说，特征是"我们现在是谁"，期望是"我们想成为谁"，行为是"我们需要做什么"。这家公司还发现，应该明确指出行为在高层领导、中层管理人员和一线员工等不同层级的表现方式有所不同，这将大有裨益。

表 3-2　从特征到行为

A. 文化特征	B. 期望	C. 关键行为
聚焦承诺	加倍努力，兑现承诺	一线员工：与同事和同行合作解决客户问题； 中层管理人员：优先考虑改进会影响结果的流程； 高管：分享反馈意见，表扬加倍努力的典型员工。
推动正式化	强调团队合作，更包容，减少层级	一线员工：主动协助同事完成任务；提出问题以了解彼此的想法；及时回应他人求助。 中层管理人员：寻找机会帮助。 其他业务部门：始终回应并落实好他人求助；培养跨团队的共同责任感和目标感。 高管：始终回应并落实好他人求助；大力支持跨职能项目并优先考虑他们的需求。

　　由此表可以看出，通过在全公司内严谨分析和努力沟通，行为的表现区别变得清晰明了。此处描述的关键行为猛一看并不神奇，想象一下，如果你随机走进一家公司的领导团队会议，然后说："我不会努力了解我们的文化，而是会帮你们节省一些时间。所有人，明天开始这样——分享反馈意见，表扬加倍努力的员工。"领导者充其量可能会说"听上去是个好主意"，

尝试一两次后便恢复原样。这种行为在多大程度上能带来改变？
在创建此表时，领导团队专门针对文化进行了数小时的激烈讨
论——哪些是有效的，哪些不起作用。他们解决了通过焦点小
组以及采访中层管理人员和一线员工而产生的难题，先创建了
一份长长的列表，然后缩小范围——很明显，在缩小范围时，
领导者都赞同在所有选项中，要关注这些特定的行为（即便有
些领导意见不同，但并不是不可能达成一致）。他们会针对行
为变化后可能带来哪些可衡量的商业结果而集思广益，并讨论
如何将其融入不同的业务领域。他们对视一眼，认为彼此都有
责任维护这些行为，包括呼吁他人不要采取这些行为。

关键是，神奇之处不在于某种特定行为的内容，而在于它
产生的过程。这个过程，而不是正确和唯一可能的答案，才是
产生能量和情感投入的关键。

行为发展：长长的列表

正如前文所述，在了解企业文化特征的同时，一系列行为
也会涌现。在讨论时会想到"事情在这里是如何完成的"，并

要求并收集各种行为。记录行为，寻找能够产生积极情绪和人际联系的行为。然而这并不意味着每次关于文化的谈话都是美好的，一旦出现任何抱怨或挫折，人们就会立即粉饰太平。为了找出关键的少数行为，人们几乎都要进行头脑风暴了——列出他们的问题所在，并明确是什么没做好。人们要询问是什么让本该完美的工作打了折扣，或者是什么妨碍了一家公司实现其所追求的目标。比如问"是什么阻碍了创新""是什么导致工作进展不顺"，然后要尽快采取行动，消除消极因素。在"抱怨文化"阶段徘徊太久，只会让你关注所抱怨的文化，这样反而强化你试图改变的行为，并联想到你采取的文化举措能修补已破碎的文化。

接下来，重点是确定哪些是可以推动公司进步的正向行为。我们来回顾一下已经发生的事情，还记得通信公司的例子吗？企业中某些中心是如何拥有较高的客户服务评分的？我们要找出并研究这些中心，认真考虑整个企业中，是否有某处、某个人或某个团队已经表现出这些行为。花更多时间，更一致地实践该行为，有助于企业实现目标。管理人员赋予员工权力，鼓励他们将错误视为学习机会；小组领导推动、展示合作；领导或接受新想法，或是提倡正直诚实的态度，而非拒绝适当改变规则或舍弃过时的规则和做法等。我们要问问自己，为何这些

人与企业其他组织的人行为不同，然后总结这些正向行为，并考虑哪些行为可以帮助我们实现预期的改变。

如何确定这些行为是正确的？浏览一下你长长的列表，你应该看看每种行为与现有文化是如何紧密联系的，它们要么是强化了有益之事，要么是解决了妨碍战略目标的事物。此外，这些行为应该影响了企业在任何重要地理位置的业务开展，且覆盖了多个职能和不同的员工层级。

行为选择：关键少数

至此，你已经列出一份长长的列表，可能有10~15个行为符合上述标准。现在到了一个有趣的、同样也非常具有挑战性的环节，那就是在你的列表中挑选出关键的少数行为。图3-2和表3-3是选择过程的高级视图，具体细节后文将会介绍。

如图3-3所示，其中常见的一种有效方法是使用实施所需努力和方案的影响力的坐标轴来绘制行为。

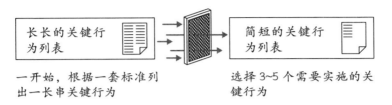

一开始，根据一套标准列
出一长串关键行为

选择 3~5 个需要实施的关
键行为

图 3-2

表 3-3　关键行为的优先顺序

潜在的优先标准	
领导支持	高级领导层是否会采取该行为，且该行为能否成为成为示范行为？
影响／相关性	这种行为会影响最关键的领域／业务目标吗？
对动机的影响	行为改变是否为后续工作创造了动力？
影响的持续时间	目标行为改变是否会迅速产生明显影响？
实施难度	是否可以在没有其他重大变化的情况下实施目标行为改变（例如，改变绩效管理系统）？
可衡量性	是否可以衡量／跟踪目标行为变化
可视度	行为是否显示出可快速识别的高度象征意义？
传播度	行为改变是否可能广为流行（例如，因为它使人们的工作变得更容易）？

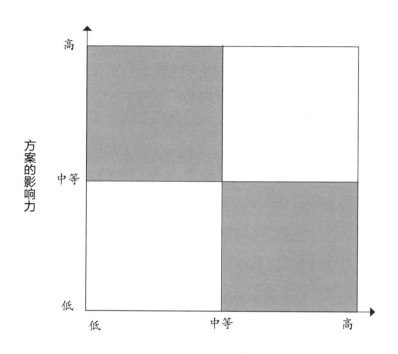

实施所需的努力

图 3-3　实施所需的努力 vs 方案的影响力

　　这是一个简单的 2×2 的图，该图鼓励通过对话进行权衡考量，并要求目标应当实事求是。企业可采用投票机制，包括其他公开的技术含量低的方式，如简单的举手表决，或是通过私下的电子方式，如投票工具等。

在与全球客户合作的过程中，我们发现世界上没有从众多
行为中挑选关键的少数行为的完美方法。实际上，客户的选择
通常反映并指导我们如何处理信息并在特定文化中做出决策。
例如，在与亚洲的一家金融服务公司的合作中，我们很快便意
识到领导者对行为的视觉表现有强烈的偏好。在选择关键少数
行为的领导者会议上，我们在墙壁上贴上了类似于表 3-4、3-5
的大型海报。

表 3-4　我们听到的内容

有些人说他们不支持老板的意见，但不敢在会上指出来。	一些级别较高的人有这样的态度："我为什么要和你一起工作，听你说话？我不对你负责任"。
办公室大门敞开，意味着你很容易就能接触到高管。	千禧时代的反馈是"每次我们说些什么，都会被打击"。
企业存在瞧不起级别更低者的文化。	经理不明白为什么较低级别的人会与更高级别的人交谈。
一位高管在会议上征求各领导的意见，新想法是受欢迎的，或者说是被需要的。	如果主管没有出现，另一位主管也不会想出现或者做任何事情。

中层管理人员与一线员工的想法　　　高管的想法

表 3-5　行为细节
高管： ·要求职位相对较低的同事在会议上发表意见并认可他们的贡献； ·公开感谢职位较低的员工取得的成果； ·打开办公室的门，走出办公室与中层管理人员和一线员工交谈； ·直接寻求一线员工的反馈和意见。
中层管理人员： ·鼓励职位相对较低同事在会议上发表意见并认可他们的贡献； ·在高层会议上贡献自己的想法，也让职位较低的员工有机会提出想法； ·将职位较低的员工的成绩转达给高管，并告知职位较低的员工。
团队成员： ·主动工作，与所有层级的人保持联络； ·在职位较高的同事在场时，说出自己的意见； ·鼓励和支持同事在高层会议上提出意见。

行为："超越资历的价值表现"；更包容，层级更少

　　海报展示了我们在访谈和焦点小组讨论上所听到的内容，阐明了为什么这些行为能惠及全公司。他们还建议加上可以适用于各个层面的更具体的行为。领导们在房间里走来走去，思考并讨论每个行为，这有助于他们意识到，当最终只能选择三种行为时，他们会做出完全由数据支撑的决定。相比之下，正有起色的娱乐公司开了几个小时的领导团队会议，时间都花在激烈的公开辩论上，然后迅速举手表决，达成共识，这恰好符

合我们之前观察到这家企业的文化特征——"立即完成"。

为何只强调"少数"？你怎么知道自己选择了正确的行为？第一个问题很容易回答：因为你需要一个切入点，一次性改变一切是不可能的。只关注少数行为可以保持一致性和连贯性。从本质上讲，你就是在进行科学实验，而科学实验需要先建立一个能方便查看和记录结果的框架。

第二个问题答案也很简单，但在你试图让他们真正开始讨论选择之前，你也许不愿告诉整个领导团队这个回答：完美的少数行为并不存在。如果你制定的长列表非常周全完备，那么任何行为都会有助于推动文化进步。确定优先顺序的过程本身就是一种干预形式。认同这些行为并集体投入其中，你和同事正朝着使文化更强大、更连贯的方向迈出了一大步。

言行一致：象征性行动

在与领导团队就行为进行对话时，最高光的时刻之一通常发生在一位领导者转向另一位领导者说"从今天开始，你会做什么不同的事情"。最优秀的领导者每天会利用各个机会展示其所选择的行为。员工会注意到公司领导层开始采取行动并与员工开始谈话，紧随其后也采取行动，我们应期待企业的所有员工将行为嵌入日常工作中。那些被视为领导者的人有必要引人注目地采取行动，并发出强烈的信号——公司里面开始发生改变了。

象征性行动是领导者有意的、有目的的行动，会发出强烈的标志信息。象征性行动可以由领导者个人或领导团队进行。重要的是，它们的形式和执行方式非常明确，可以发出与整体文化演变一致的信息。例如，一家全球航空公司的客户的集体象征性行动是领导决定打破在澳大利亚总部举行全体领导团队会议的传统，改为每季度轮流在航空公司所服务的各个区域举办。有一点很值得注意，这一改变并非是在幕后悄无声息地完成的。CEO向整个公司宣布了这一变化，并与新行为之间建立了明确的联系："在所有主要决策中纳入全球视角。"当地代表受邀参加每个季度的会议并提供从当地视角出发的看法，这一个简单的行动带来了深远影响。

我们的客户中，还有一个例子，一家投资公司的CEO做出了一个大胆而艰难的决定：他与其他团队分享了他们全方位的反馈，连缺点也毫不隐藏。这显然证明了，只有在每个人都决定走出舒适区时才能实现团队所讨论的有关透明度和情感承诺的目标。领导团队的其他成员开始效仿他的行动，分享自己的反馈。这个行动风行一时，同样带来了长远影响，使公司文化转向了信任与合作。

另一家公司的 CEO 制定了一份其本身承诺定期执行的行为列表，选择了解释公司的一个关键行为——"相互尊重"：避免个人言论，不要打断他人发言，密切关注每个人所说的话。他的行动反映出了一种有意的谦逊，与前面投资公司 CEO 分享全方位反馈的姿态相同，要求团队中的非正式领导人私下里应关注任何优缺点。这一举动，尤其是一开始，可能令人不适应，但对企业文化会产生强烈影响。

卡岑最喜欢的象征性行动之一产生于军队里，阿尔弗雷德·M.格雷（Alfred M. Gray）是美国海军陆战队的一名将军，20 世纪 70 年代，他在越南战争结束后担任重要领导人，并在 1987~1991 年担任第二十九任指挥官。格雷以实现所谓的"海军陆战队的第二次启蒙"而闻名，包括强调将海军陆战队服务视作领导力发展机会，建立海军陆战队大学。格雷的证件照片身着战斗服而非穿着制服。那些军队之外的人可能不明白这个举动实际上发出了多么大胆的信号：它强调格雷试图在军队中建立核心道德，包括相互尊重和他所说的"勇士精神"。这不仅仅是为拍照而摆出的正式姿态，格雷一直穿着战斗服，去食堂时也不佩戴任何徽章，与海军陆战队成员吃同样的饭菜。

　　某位 CEO 早年担任著名科技公司的掌舵人时，曾被报刊称赞，因其拆除了贵宾停车场的围栏，还只拿一美元的年薪。这些象征性行为，与格雷的行动一样引人注意，都表现出了谦逊的态度。在我们与这位 CEO 的公司合作的时间里，也了解到一个明显的象征性行动，它强有力地说明了不仅领导者自身很谦逊，还打算带领他人采取更有效的新的行为方式。无论是到处走动与员工见面，还是与领导团队一起低调行事时，这位 CEO 经常提出一个问题："你的竞争对手在做什么？"这会让员工争先恐后地看看公司外面的世界，更好地了解市场——CEO 明智地将这一行为视为使一个庞大企业更敏锐、更多地关注外部的关键。这种象征性行动的核心是它的重复性，因为 CEO 不是只做了一次，而是一再重复，所以才能鼓励大家转变行为方式。毫无疑问，有过这种经历的人会告诉别人，让其他人也去了解竞争对手。毕竟，谁会想要遇到 CEO 时却不能很好地回答这个尖锐的问题？

　　虽然这些例子中的象征性行为不尽相同，但都对领导者所服务的公司中的员工产生了显著的影响。它们对整个公司和领导者个人的情感投入都得到了催化和加深。随着时间的推移，这种情感承诺有助于每个人抓住相似的机会，以新的方式行事。

最初这些方式可能会令人感觉很别扭，但最终都会是有意义的。当人们能够感受到公司的身份和目标与自己个人行为之间的情感和理性一致时，就会觉得有归属感。当这种紧密相连的感觉与公司实现目标的能力联系在一起时，这家公司就有了一种能促进和支持其目标实现的文化。

第 **4** 章

CHAPTER

少数真正的非正式领导

场景：五月中旬，领导会议当天的晚上，重返卡西莫餐厅

阿列克斯：很高兴你没有马上离开，愿意再次和我见面，我也很感谢你不介意再回到这家餐厅。

卡岑：我这人习惯难改，特别是在美食方面，而且我很乐意提供帮助，就像你正在为无畏公司做些很重要的事情一样，这个时间我花得值。但是可否告诉我今天在会议结束时是什么激怒了你，我觉得应该不仅仅是因为卡尔文。

阿列克斯：卡岑，我就不和你拐弯抹角了。我们的董事会成员塞巴斯蒂安给我发了一封电子邮件，说必须要讨论一些紧急事情，晚餐前我跟他聊了聊。你知道我们一直努力制定电子商务战略吗？董事会似乎认为收购一家这方面的小型本地创业公司是个办法，建议我见一见那家公司的创始人并考虑一下。

卡岑（挑了挑眉）：这倒是没听说过，你怎么想的？

阿列克斯：我的心情当然很复杂，我已经开始努力协调和同步公司的各项工作，这个收购新公司的念头可能使我们彻底陷入混乱。但我同样也感到很骄傲，因为董事会认为我们有能力做到这一步，并支持我们进行实实在在的投资。

阿列克斯看向远方，似乎在展望未来，接着他显然花了点功夫才将精力转回到眼下讨论的话题。

阿列克斯：不过，这对我们的文化对话有何影响？我们要在弄明白这点之前暂停一下吗？如果无畏公司日后会发生巨大的变化，试图弄懂现在的无畏公司还有意义吗？

卡岑：我们不要一下跳得那么远，先关注眼前。

阿列克斯：因为这笔交易可能会落空吗？

卡岑：这确实是原因之一，但不仅限于此。可以说你很清楚现在你要去吸收另一家公司，那你知道为何大部分兼并都以失败告终吗？

阿列克斯：我猜大概是因为文化问题。

卡岑：没错，就是如此，包括工作风格的冲突、行为方式的差别、情感力量来源的不同等，合并往往出于理性原因，然后企业在非理性和情感上的一面会产生排斥。新的公司结构图在图纸上非常完美，但要求人们以不习惯的方式工作违背了他们对以前工作的喜爱，这一点很常见。是否应该收购这家创业公司，这个问题不仅在于它是否与无畏的战略一致或者你们能否支付得起收购的费用，而是文化融合程度的问题。

阿列克斯：这一点我能理解，但怎么解决呢？

卡岑：你只要保持你现在正在做的事情即可。

阿列克斯：但是现在截止日期逼近了，我怎么样才能加快理

解无畏的文化？

卡岑：我们来回顾一下，还记得一月份我们在这里吃午餐时讨论过的事情吗？你告诉我你花了很多时间在所有的办公室和配送中心走动，就是为了偶尔跟别人聊聊，你现在还抽得出时间做这事吗？

阿列克斯（看上去很高兴）：当然了，你为什么问这个？

卡岑：我想到了那个来告诉你没人说谢谢的家伙。

阿列克斯：是迈克尔，没错，他性格鲜明，我之后又和他聊过几次。

卡岑：你了解到了什么？

阿列克斯：迈克尔在房地产管理集团，是个有点古怪的人，他负责租赁条款和土地收购的谈判。考虑到过去几年我们的增长非常缓慢，他参与的事情并没有引起高层领导关注，但他似乎是能把事做好的天才。其他部门的，甚至在房地产之外的员工也常请教他。前几天我遇到了位新买家，问她刚开始几个月怎样，她跟我说了个故事，讲了她如何找到预测专家帮助她计划黑色星期五，当然了，是迈克尔向她介绍的。

卡岑：领导小组的所有人，包括卡尔文，都知道他吗？

阿列克斯：当然不是，我想也就一两个高层小组知道他是谁。也许罗斯知道，因为他在这儿待了很久了。对于很多与我聊过很久的人来说，可能也是这种情况。我们不知道他们的名字，但他们绝对每天都在加倍努力工作，完成任务。

卡岑：这类人还有谁呢？房地产外的有谁？

阿列克斯：这样的人有很多，艾福瑞有些市场营销员工在我们的在线业务方面做得非常出色，比如有个叫瓦伦的电子商务人员一直提出网店和实体商店设计部门不应该被分开，他在自己的团队和商店设计师之间建立了非正式的工作小组，我希望更多人会做这样的事情。

也有商店经理找我谈话，而且通常都是销售业绩良好的商店，但也不全是。有一位商店经理叫西奥，每个人都说我必须跟他谈话，他的业绩非常糟糕。但当我们谈起他所管理的地区时，我才知道，有个当地的雇主刚刚关门，整个地区都在苦苦挣扎，鉴于这种情况，他实际上正在取消现金销售业务。

卡岑：对于这类人，我们有个专门的名称：真正的非正式领导。他们在日常生活和工作中的行为表现，恰好就是你想要鼓励和推动的，他们对周围人的感受和行为的影响已经超越了其本身的正式角色。此外，他们中很多人善于感知，并替他人传达情绪和意见，所以我们也称其为"情感传感器"。

阿列克斯：卡尔文肯定就是个真正的非正式领导，没错吧？所以他回来时整个领导团队才会都兴奋不已。

卡岑：他也许是的，但是，你要了解他的同伴和下属的真诚意见，以此来证明你对他的印象。许多领导人认为他们最喜欢的是所谓的有潜力的、在整个公司影响力最大的人，但现实并非总是如此。有些表现出色的人对各级员工的影响力也很大，只是其他人更注重晋升，而不去了解到底什么能够激励同伴。很多领导者都过于短视，没想过让那些高管不关注的"AILs"参与进来。

阿列克斯：我很喜欢"AILs"这个概念，卡岑，我可能要开始像你一样思考了，让我来跟你说说你接下来可能会说什么。

卡岑（大笑）：我等不及要听听了。

阿列克斯：这些"AILs"应该成为我的"改变捍卫者"，对吗？如果我们收购这家创业公司，应该让他们参与进来，利用其影响力让被收购的公司更好地融入进来，没错吧？

卡岑：不完全如此，实际上，我希望你能更快地让这些人参与其中，最好是马上开始。在你要求他们为你做任何事之前，你最好能够聆听他们的意见，因为他们了解无畏公司的真实工作方式。随着发展态势变好，"AILs"群体将蓬勃发展，不断扩大。在每次成功的文化调整工作中，他们都是珍贵的"秘密武器"。还记得我是如何促使你从关注行为转向关注特征的？"AILs"可以帮你做到这一点。如果你选择了正确的非正式领导者，研究是什么让他们变得特别，你可能会看到他们所展示的行为如果被更多的人每天效仿，这将是帮助无畏实现其目标的关键。

阿列克斯：比如瓦伦，那个和设计部门成立工作团队的电子商务员工。

卡岑：没错。然后，你在详述这份行为列表时，可以和"AILs"继续完善它，就像你和焦点小组一同定义无畏公司的特征时一样。但这次，你可以建立一个持续的双向对话，而不是一次性的倾听。监管好讨论主题，跟进各项举措，让这些人知道他们的投入至关重要。

阿列克斯：无论最终我们决定收购与否，这样做都非常有用。

卡岑：正是如此，如果你要与另一家公司合作，也会希望能够向这家公司深度阐述无畏公司的特殊之处，是什么在激励人们，又是什么阻碍了人们前进，从而更好地发展这段新关系。想象一下，你与那家公司 CEO 坐在同一家餐厅，如果你能向他阐明"这就是我们的文化运作方式，以及我们如何通过其中最好的文化运作方式，来充分整合"。这该带来多大的影响啊？

阿列克斯：那到底该不该整合呢？

卡岑：你又回到了我们今天会议结束时的问题——什么是无畏公司的核心特征？为了实现战略和运营目标，我们希望人们多做些什么，又少做些什么？什么是关键少数行为？如果更多无畏的员工更频繁地展现这些行为，公司又会怎样发展？

阿列克斯：我们怎么确定这些行为是有效的？这些关键行为开始发挥作用时我们又如何衡量其影响呢？

卡岑：我可以保证，如果你选择了正确的"AILs"，将那些利于激发人类动机和业绩表现的理性行为和情绪联系起来，那么衡量的方法就显而易见了——你会衡量什么是对员工、客户和股东最重要的。

阿列克斯：我被你说服了，会继续朝此前进。我觉得现在服务员展现的行为就是"盯着我们，看我们什么时候才开始点单"，你准备好了吗？

卡岑：嗯，我自己的关键少数行为就是只要菜单上有羊排，我就会必点它。我们开吃吧。

真正的非正式领导的力量

卡岑在这个领域工作了数十年，2009 年 6 月通用汽车公司按照《破产法》第十一章申请了破产保护，卡岑为通用汽车公司提供建议，助其摆脱财务困境，这是对卡岑影响深远的客户经历之一。对于通用汽车公司 CEO 韩德胜（Fritz Henderson）来说，利用情感能量推动通用汽车公司改变优先事项是当务之急。卡岑回忆起早年与韩德胜的生动对话——"每个人都说要改变我们的文化，"韩德胜感慨道，"人们期待它能立即发生，其实，人们希望它昨天就能发生。这就是问题所在，我知道这根本不可能。文化的形成需要几十年，在任何地方都一样，在通用汽车尤其如此。我们的文化是全球性的、复杂的，光是理解它就是个挑战，更不用说取而代之或引导文化变革了。"

韩德胜、通用汽车公司的领导力和文化负责人克里斯·奥斯特（Chris Oster）以及卡岑都认同一个核心前提：通用汽车

公司的领导人将强大的流行文化融入公司，遵循文化办事，而非一反其道。领导团队做出决定,要明确并执行四项最重要的"行为改变优先事项"：执行速度、明显的风险，明确的责任以及客户服务。

在执行速度方面，韩德胜打破官僚作风，取消了多个产品和战略委员会，建立了一个八人的独立执行委员会，一周两次直接向他汇报。他还成立了一个高级文化委员会，包括产品高管玛丽·巴拉（Mary Barra）——后来的人力资源部门负责人，最终她还担任了CEO，是美国汽车史上首位女性CEO。文化委员会的任务之一是发掘出在整个公司中，四个行为改变优先事项在何处已经流行起来，以及是怎么流行的。换句话说，正如前面讨论特征和行为的章节所描述的，韩德胜采取了一种实用的方法，他并未试图将通用汽车公司复杂的文化形势彻底转变为由外部框架定义的理想状态，相反，他集中注意力在公司内部寻找答案。

韩德胜认为，要想带领通用汽车公司穿过急湍，需要对文化有深刻、直观的理解。文化委员会设立了一个由一线员工和中层管理人员组成的非正式领导战略委员会，名为"韩德胜的50人"（Fritz's 50），该委员会作为传声筒，为大家发声，备受尊敬。其成员不是具备高潜力的未来高管人选，相反，他们都是可靠的员工，大部分都是任职时间长的一线员工或中层管理人员。为了确定这些人，文化委员会参考了人力资源记录和年度审查等传统资料，还有公司里的故事和轶事以及自身的经验和直觉。这份名单最后删减到五十人，文化委员会确信这个团队就是他们所寻求的能代表和表达通用汽车公司员工的想法和感受的最佳人选。

韩德胜在通用汽车传奇的转型过程中发挥了至关重要的作用，现在，针对那些阻碍公司完成文化和行为改变优先事项的日常挑战，该团队能为公司 CEO 和其他高管提供基础的真实的观点，他们还能够将领导者表达的有关通用汽车公司的核心转型需求变为平实的语言和动人的故事，周围人能够清楚地了解这些故事，并产生情感上的支持，这正是韩德胜和之后的高管所需要的。

在撰写本书时，通用汽车公司的经历被认为是过去几十年中最伟大的转型故事之一。2016 年公司的销售破纪录，现在也以显著提高的产品质量和客户服务而闻名，虽然这种转变涉及因素众多，但韩德胜聚焦文化，以推动目标实现，这一努力发挥了重要作用。他做出了一个大胆的选择，动员并赋权一群一线员工帮助实现该目标。

通用汽车公司现任 CEO 玛丽·巴拉承诺将通用汽车文化作

为其领导力平台。在《财富》杂志 2013 年最具影响力女性峰会的一次采访中，玛丽·巴拉讨论到通过减弱政策和官僚主义从而进行有针对性的文化变革对通用汽车公司破产后的经营方式产生了何种根本影响。她还明确表示，她相信确保通用汽车公司持续复苏的关键是员工敬业度。"如果我们赢得员工的心，"她说，"我们将取得更大的商业成功。"

每个企业都有这样的人，其社会资本和情感直觉让他们在同行中显得与众不同，此外，这些特别的人在推动正向变革上发挥着重要作用。企业在经历诸如战略或运营转型等重大挑战时，重视真正的非正式领导可以帮助企业完成本不可能实现的事情。这是本书中最深刻和最简单的事实之一，也是贯穿于乔恩·卡岑巴赫从 21 世纪初到今天大部分工作的主线。

在前面的章节中，我们多次提到这些真正的非正式领导，他们备受信任，他们的意见和建议能指导文化改革的每个阶段。在本章中，我们将全面关注"AILs"，介绍如何找到他们，如何动员他们，以及他们对改变企业文化的工作可能有什么影响。卡岑喜欢将"AILs"描述为军队中的特种部队，例如"绿色贝雷帽"和"海豹突击队"。像这些精锐的军事团队一样，"AILs"也于隶属某个公司，虽然规模相对较小，但实际影响力巨大，这并不是因为"AILs"能成为正式领导，而是因为他们彻彻底底地投身于公司使命和目标。他们反映出企业强烈的整体特征，并且能采取正式组织无法实现的特殊举措。显而易见，他们的特殊成就打开了一扇窗，让其他人看到了光明，让他们重新考虑什么事情可能发生。

"AILs"在你的公司里会是什么人？如何找到他们？他们能做些什么来助力整体文化改革目标的实现？

定义真正的非正式领导

首先谈谈他们不具备的特点：真正的非正式领导不在管理团队中，也不是公司架构图中的高位者。正式领导在任何文化转型的工作中都发挥着作用，但他们的影响力和地位意味着他们的行为是被赋权的，而召集一群"AILs"并不意味着重新建立正式领导团队，而是尝试为正式的领导权威增加新的洞察维度。因此，你会想要吸引那些在文化合理性、情感直觉和关系资本等方面比正式领导的更强大的人。

"AILs"也不是那些潜力巨大，可能成为下一位正式领

导的超级巨星。他们大多都没有这些抱负，他们的基本动机远非金钱和地位，这恰恰就是为何他们能够带来一系列影响，并对正式的程序性工作进行补充。2016 年《战略与经营》（*strategy+business*）发表了一篇博客，名为"如何找到并吸引真正的非正式领导"，瑞德·卡朋特（Reid Carpenter）描述了在传统绩效标准忽视的方面，例如情商（下文中会更多地介绍本术语），"AILs"表现往往特别强大。比如说，"AILs"通常优先考虑建立关系网而不是自我推销。

一个"AIL"，比起在传统变革计划中由公司任命且负责逐级传达信息的变革推动者或代表，往往发挥着更广泛的作用。这不是在削弱这些传统代表在变革中所扮演的角色，很多人都称赞那些收到活页文件夹后学习关键点并传达信息的人。但大多传统代表认为沟通流程是单向的，他们只是在执行上级发来的指令。一群参与度高的"AILs"往往更加能侃侃而谈。他们不只是在传达信息，如果他们接受这个信息，就会理解并转化它，否则就会说出其问题所在，促使领导层做出更多努力。基于我们的工作和研究，我们认为领导者对自己的文化倡议的看法与公司其他人的意见往往存在差距。根据最新的调查，71％的 CEO 或董事会成员认为文化是评估领导力的关键因素，而非管理者中只有 48％的人持有这种观点。"AILs"可以帮助领导者理解（并找到根源）隐藏在较低级别员工中的疑虑，他们拥有感知并回应他人想法和感受的能力，这意味着他们将选择去放大关键的想法，从而使这些想法在公司各个层面引起共鸣。

鉴于此，"AILs"可以且应该比传统的变革代表更加团结，和 Fritz's 50 一样，"AILs"可以是一个未经过滤的声音，为高管在董事会中发出的信息如何会（或不会）在中层管理人员和一线员工中产生共鸣提供有价值的意见，他们还可以在情感层面清楚解释什么能够吸引同事。

詹姆斯·托马斯曾和中东的一家采矿公司合作，被选定的"AILs"参加了为期一天的研讨会，集体讨论如何实施和衡量领导层已确定的全企业行为，他们的一些想法是我们在解决如何感知甚至持续衡量文化转变这一问题上最好的标准之一。

"AILs"与传统变革代表之间还有一个重要区别，后者被视作自愿宣传领导立场的人。相比之下，"AILs"乍一看是怀疑论者或反对派，但并不意味他们会消极抵抗或恐惧变革（尽管通常管理层也会这样认为）。仔细调查后发现，提出问题和反对意见的"AILs"并没有在妨碍变革，而是在试图让公司更好地发掘员工潜能，保护和争取他们眼中对员工重要的东西。如果你能学会分辨"AILs"和不满者之间的区别，并听取前者

所言，那么你就是在充实你的思想宝库，增加机会，以更好地利用现有的情感优势。

安泰保险的 CEO 马克·贝托里尼（Mark Bertolini）是一位积极建立"AILs"团队的领导榜样。自 2010 年担任 CEO 以来，贝托里尼带领公司经历了一个错综复杂的市场，包括回应《平价医疗法案》（*Affordable Care Act*）以及 2017 年 12 月宣布准备与 CVS 药房合并。2015 年贝托里尼采取了一项举措，后被众多 CEO 模仿，他将 5700 名全体员工的最低工资提高到每小时十六美元，是联邦基准的两倍多，所有员工的平均加薪幅度达 11%，有的高达 33%。同时，安泰保险还为这些员工增加了医疗福利。有趣的是，卡岑、阿特·克莱纳（Art Kleiner）和格雷琴·安德森此后不久对贝托里尼进行了一次采访，贝托里尼在采访中表示，这个决定主要归功于他通过面对面的对话和社交媒体在全公司征求了一线员工的强烈声音（通常是批评性的）。当时，贝托里尼自豪地告诉我们，他是为数不多活跃在推特上的财富百强企业 CEO 之一，并表示他作为领导的主要目标之一是拥有"平易近人、名副其实、实实在在"的形象。贝托里尼从他的"AILs"中听到一个确切的消息：员工们苦苦挣扎，无法负担医疗保健费用，收入不平等确实制约了他们。"我们看了一圈帮助收入最低的员工的方法之后，终于，我说，要不给他们加薪吧。"贝托里尼说道。

当然，这是一个极端的例子，并不是每个公司都能慷慨地给收入最低的员工加薪。重要的是贝托里尼如何通过询问和聆听整个企业的声音来做出这一正式的薪酬调整决定，他不仅仅坚定地深入询问那些祝贺和赞成他的人，还在不停找出那些敢于说出严峻事实的人。然后，他在媒体上讲述了员工的批评和投诉是如何促使他采取了这个值得报道的重要决定的，并且获得了出乎意料的强大文化推力——整个公司充沛着一股积极的能量，各部门协调统一，各级员工都能感受到与公司之间的积极能量联系。很明显，从贝托里尼自己讲述的故事中可以看出，他意识到并预料到了薪酬调整决定对一线员工产生的情感影响，所以他一开始不是向股东或媒体报道这个消息，而是在佛罗里达州杰克逊维尔的一个市政厅，安泰最大的客户服务中心宣布。"这个地方轰动了，"他告诉我们，"我知道人们会很开心，但我没料到会是如此质朴直接的情绪。有人说'感谢主，我的祈祷已得到回应'。"

正如第 3 章中所讨论的，这也是一个象征性行动的佳例，

它是刻意的、有目的的，让大厅里每个见证者都有了故事可讲。最重要的是，贝托里尼所说的内容及表达方式与他想传达的整体信息是一致的，那就是公司将继续致力于关怀员工，这是乔恩·卡岑巴赫多年来一直关注和写作的力量，即"安泰母亲"的力量。

"AILs" 类型

所有"AILs"都能够领会和利用任何组织中存在的情感趋势。此想法基于丹尼尔·戈尔曼（Daniel Goleman）提出的情商概念，在 1995 年出版的《情商》（*Emotional Intelligence*）一书中得到普及。

丹尼尔·戈尔曼将高情商视为一种领导特质，认为情商对于高层领导者的成功至关重要，其重要程度是智力或技术能力的两倍。我们将"AILs"说成"情感传感器"时，不仅指他们感知其他特定个体感受的能力，还包括感知整个企业感受的能力。这使"AILs"能够预测和理解"理性"领导决策如何以及为什么可能会引发负面或令人意外的情绪反应，如消除少数员工想要弹性工作的想法。（人们喜欢相信自己有份弹性的工作，即使他们个人觉得与办公室里的同事一起工作更有效。）"AILs"能察觉到潜伏在员工表面之下的情绪以及一项领导决策如何以及为何会激起他们的情绪。"AILs"有助于企业找出组织中需要特别关注的一些人。一些企业发现对"AILs"进行分类很有用。基于我们的研究和经验，我们有以下发现：

骄傲的建设者。这些人可以帮你设计激励员工的方法。他们经常是一线领导或中层管理人员。虽然不经常被企业中的正式领导所认可，但这些人是员工系统中天然的情绪兴奋剂。他们能够激发员工发挥出最好的水平。他们可以让员工对工作本身感觉良好——无论这份工作多么无聊、蹩脚或有压力。

榜样。榜样塑造有效行为。因为这些人表现出的行为与企业目标一致，所以能吸引他人并促成结果。这并不一定意味员工要遵循书面规则，而意味着超越规则工作以获得经营成果。例如，在酒店或办公大楼中，前台员工花时间了解即将到来的客户并确定组织中哪些人能够最好地回答客人问题，这就能成为其他人的榜样——特别是在追求优质客户服务的组织中。

社交达人。这些"AILs"能够培养和滋养非正式的社会关系，

促成正式层级之外重要且富有成效的工作。他们在经济学家和社会学家所谓的"社会资本"中占据很高的位置。社交达人和骄傲的建设者一样，对他们周围人的整体表现产生了积极的影响；他们不依赖于正式的职位或权威。社交达人在其他人发现障碍时知道如何在现有文化中完成具有战略意义的重要任务。他们通常已经成为非正式社交网的枢纽，因此在精心设计的社交网分析调查中很容易脱颖而出。

找到你的"AILs"

你可以使用各种方法找到"AILs"最有效的子群体，从非正式对话到更具数字化的方法，一般关系和从属关系的表面模式，如：

社交网络分析。所有这些方法都有一个共同的关键因素：它们脱离于用于确定战略行动或晋升的最佳候选人的正式人力资源机制。

近年来，我们一直在帮助一家业务复杂的全球银行公司进行一场雄心勃勃的文化演变。该公司选择了三个组织范围内的

行为。文化团队设计了一个十题的问卷调查样本。它包括有关
行为本身的问题（"你看到这些行为在实施吗"），以及往往
表现出这些行为的人（"你知道谁有这些行为"）。该调查分
发给多个国家的五万多名员工。"行为"的问题将是一个倾向
性调查，随着时间的推移重复，使公司能够追踪这些期望的行
为如何以及是否随着时间的推移而增加。"谁"的问题揭示了
谁是"AILs"，这是一个通过该调查得到同龄人提名的子群。
该调查显示该银行5%的人得分很高；文化团队通过访谈和比
较绩效评估数据验证了该列表。通过这种"压力测试"，他们
相信这项调查能够准确地发掘整个组织的非正式领导。然后，
我们直接与这些真正的非正式领导合作开发干预措施，以支持
和实现组织范围内的关键行为。

　　该银行建立了一个定制调查，挖掘真正的非正式领导，
并打算继续使用此调查作为"仪表板"来追踪和衡量文化的
演变。其他组织则使用早已存在的数据来选择"AILs"。
作为一家技术公司文化转型的参与者，我们与人力资源副总
裁和全球员工合作，确定并聚集了整个公司中的一群非正式
领导。当时，员工数十万人，所以这是一个雄心勃勃的目标。
该公司部署了一项名为"劳动力之声"（VoW）的年度员工
调查，该调查的范围比传统的调查范围更广。我们遇到的大

多数此类调查完全是匿名的，不过这家公司没有匿名。该调查没有要求受访者表明自己的身份；相反，其要求受访者先确定他们的直接经理，再回答有关该经理与他们互动的任何问题。

通过将我们的注意力集中在一些有关行为的言论上，例如"我的经理鼓励我公开诚实地说话，即使那不是个好消息"，我们假设，如果采用完全定性的、基于面试的方法，那么我们就能获得"AILs"的名单。

使用社交网络分析或参与度调查等工具来搜寻你"AILs"并非总是必要的。（事实上，我们最喜欢该科技公司的就是它固有的节俭：文化团队使用的数据已由该组织采集。）

上述示例中的企业领导者发现这些解决方案很有效，因为他们要在全球范围内迅速找到并优化他们的社交网。根据组织的规模、地理位置分布以及无数其他因素，你可以选择一种完全基于与领导团队进行深思熟虑的对话的方法，并辅之以有针对性的访谈。

表4-1根据"AILs"的品质列出了可能有用的面试问题。当然，这能帮助你获得准确的答案。它还有助于流程本身传达一种声音——就像上面安泰案例中的贝托里尼一样——你心胸开阔，愿意倾听多种声音，并努力寻找最适合公司的答案。

表 4-1　发现潜在"AILs"的问题

"AILs"特征	面试问题
骄傲和目的。反复、确切地说明重要的是什么以及它为何重要。	是什么让你的团队在这里工作感到自豪？你如何利用这些骄傲来源？
动机。建立信心并在实现高绩效目标方面传播正能量。	你如何激励团队取得超越期望的成果在困难时期（例如危机）会改变吗？
赋权和参与。通过委派更大的责任来表明对队友的信任，纠正错误，而非微观管理。	你如何知道你的团队是由个人组成而非仅仅是同事吗？你如何授权团队 / 个人采取行动？
绩效：问责制和认可。明确阐述目标和责任以及指导不符合期望的团队的工作；庆祝日常的成功和认可个性化。	你如何确保每个人都知道自己被寄予什么样的期望？你的团队或个人没有达到目标时，你如何应对？你的团队或个人达到或超过目标时，你如何认可或庆祝？
沟通。新的公告和决策一旦制定，要让团队知情，花时间解释它们将如何影响团队的工作。	你如何帮助你的团队了解新的决策或政策？你认为哪些渠道（正式或非正式）对确保意识到和理解决策以及在何种情况下最有效？

以下是一些帮助你开始的建议。

■ 使用你的社交网寻求建议，并鼓励其他人也这样做。

向同事发送电子邮件，描述你正在寻找的那种人，并寻求建议。

请你的团队也这样做。像阿列克斯一样，你也可以走到大厅，

问员工谁为他们注入活力，他们向谁寻求信息。

■ 将关键少数的行为视为起点。在描述你想要寻找的"AILs"时，请记住你的期望行为。你正在寻找"看到它"的非正式领导（认识到改变的价值）的改变，他们能"明白它"（理解原因），"想要它"（致力于改变），并且在大多数情况下，已经"呼吸到了它"。具有这些品质的人往往被同事认为是可靠、值得信赖、靠谱的领导者。在宣布和认可个人时，不要忘记宣扬他们的行为。提及他们做出的行为，包括讲述他们所做过的特殊事情以及这些事情为何具有代表性。这体现了真正的连贯性：领导者利用文化演变过程中的每个步骤和阶段来强调和认可特定行为。

■ 寻找并探索超出预期的小团体。还记得上一章中的通信公司示例吗？领导者确定呼叫中心的客户服务水平超出预期；然后，他们观察了这些中心，开始了解团队合作的关键行为如何提高客户满意度。发现你公司的优势——特别是那些违背逻辑但获得成功的优势，比如阿列克斯的商店经理的例子，该商店位于一个经历过裁员但仍然拥有可观销售的地区。"AILs"可能正在推动这种表现。

■ 从"理想"候选人开始。要建立一个有效的初始小组，你必须仔细选择、发展和测试你的非正式领导。即使最初只有十几个符合定义标准，这就足以开始了。不要为了方便而急于做出决定。如果第一组不是经过精心挑选的，这项工作很难持续下去。最初的小组可以提高你对构建关键少数文化特征以及推进所需的关键少数行为的效率。

■ 低调进行，然后庆祝。保持选择过程低调进行，但应有适当的宣传以及宣布选择结果。在最近的客户案例中，所选择的"AILs"都不是通过电子邮件通知，而是当面通知其经理。然后，他们会被邀请与他们的业务部门和文化项目的领导者一起享用庆祝早餐。文化项目领导者的这些额外努力确保了"AILs"将他们的选择视为真正的荣誉。而且很明显，他们是其他人信任的高度社交化的人，他们因被认可而表现出的骄傲成为一种引起他人注意的"病毒式力量"。通过"AILs"确定的"第二次浪潮"，其他人吵着要包括在内。

■ 鼓励病毒式传播。经过几次会议，第一组的人数可以扩大。他们应该寻找下一拨非正式领导。詹姆斯·托马斯在中东的采矿客户中，第一拨被认可的"AILs"都认可并邀请了第二拨参与者，这使得不断发展的社交网具有相似性。最优秀的非正式领导通常有很强的直觉来识别符合类似标准的其他人，并且能效仿他们。

将"AILs"网络运用到行动中

在整个文化演变过程中，你应该持续与真正的非正式领导合作，采取一系列讨论的形式。你将要求真正的非正式领导就领导者的想法提供反馈。你也会问他们如何实现目标。利用真正的非正式领导的能量是探究文化障碍并确定企业如何协调战略、运营模式和文化的最佳办法。真正的非正式领导也是将文化项目的崇高愿望与真正有形的经营结果相结合的最佳思想来源。我们召集真正的非正式领导的沟通总是最令人满意的、愉快的。情绪能量是显而易见的，且具有感染力。聚集真正的非正式领导可以将他们的知识和情感联系放大到高层领导者和更广泛的组织中。

这听起来不像传统的变革管理会议，是吗？这些会议的议程往往是松散的；不会让参与者走出房间，然后机械传达领导者的意思。相反，关键问题自己浮出水面，往往能带来深远的影响。

第5章

CHAPTER

衡量文化举措

场景：十月中旬，卡尔文、弗洛伦斯、依莲和阿列克斯在阿列克斯办公室激烈地交谈

阿列克斯：卡尔文，这张照片真神奇，我迫不及待要把它拿给卡岑看。

卡岑敲门并进入办公室。

阿列克斯：刚好说到你。或者说，我们谈及了部分非正式领导和他们所做的一些事。

卡岑：我相信他们肯定比我更有趣！毋庸置疑，他们对无畏公司有更多的独到见解。跟我说说你们刚聊了些什么，我也可以讲讲自己是怎么往好的方面发展的。

卡尔文：嗯，根据你的建议，我们找到了我们最优秀的非正式领导组建成团队，召集他们进行定期讨论：首先让他们提出一些特定行为，然后确定这些行为会对哪些业务的运营结果起重要作用。虽然起初不太顺利，不过进展比预期的好很多。

卡岑：太棒了。这些定期讨论是如何进行的？

弗洛伦斯：用你最喜欢的那个词表示的话，他们一直在"欢快"地讨论。这个群体成员的职能越多，讨论和想法就越有创新性。到目前为止最好的一次会议，参与者包括少数一线员工、一些营销人员，和供应链团队的部分员工。

卡岑：你有没有把这些行为手段运用到领导层呢？用到这些关键的少数人身上有多困难呢？

阿列克斯：我们在 7 月初举行了一次领导团队会议，我们把大约十几个行为缩减成了三个。

阿列克斯（拿出一张纸然后交给卡岑）：你看……

卡岑（大声朗读）：对那些不起作用的行为，请进行改正，或使其行之有效。"基于定量分析以及我们可以看到和感受到的情况，回应客户的需求。""公开沟通；比起问询法，应当优先考虑透明度。"这些行为很棒，非常细致具体。

卡尔文、依莲和弗洛伦斯相互看了看，交换着得意的神情。

卡岑：我可以想象，我与一位同事进行交谈，就她做得出色的行为提出赞扬，让她对做得不够的地方多上点心。更重要的是，我可以看到更多人花更多的时间做出更多这样的行为，可以真正为无畏公司而努力。把他们组合成一个领导团队多么难呢？你如何鼓励他们这种级别的员工的？阿列克斯，我还记得我们第一次见面时你跟我说的那个关于开放沟通的行为，现在已经得到了很多关注。

团队成员看向阿列克斯，以为他会说话，但他向依莲示意。

依莲：我已经要求各位领导者做出个人承诺，让他们对这些行为负责。在每月一次的领导团队会议上，我们会要求每个领导者在会议上至少举出两个特例——一个他们已经对行为进行调整的领域，另一个是他们观察到行为的领域。我们在每次会议中都分享这些事情，通过具体实例推动文化改变，这可真是一个好办法。

卡岑：这是一个很好的例子。那么事情深入发展后是怎么样的呢？我认为，这个伟大的故事被我走进来打断了。

大家都笑了。

弗洛伦斯：你是怎么知道的，卡岑？

卡岑：因为关于行为变化最有趣和多样的例子往往发生在"一线"。所以，无畏公司在"战壕"里发生过什么呢？

卡尔文：嗯，我们已经重新用回了绿色倡议策略，并且这次我们让门店自主选择加入与否，而不是强制地去要求他们。

卡岑（看着阿列克斯）：你之前有这样子做过吗？

弗洛伦斯：请允许我打断一下。卡岑，我知道你在想什么，但这不像托比之前的自上而下的改革。这个主意来自一线员工——根据我们设计好的行为，去听取客户不得不说的想法。

客户提到过公司的干预会影响他们的购买选择。所以我们让有想法自主发挥的门店提出并实施自己的倡议，并且举办了一场门店比赛。

卡岑：那发生了什么神奇的故事呢？

卡尔文：我们的一家商店在收银处和回收箱旁边放置了一张

桌子和一把剪刀，顾客可以在此撕掉所购买物品的包装以便我们回收。有客户提出了一些类似这样的问题："这实际上是做什么的""你们如何重新利用这个包装"。所以一位门店员工在门店后面摆放了称重器，然后放一个大的海报板来展示门店每周回收循环多少磅废弃物，以及可回收的废弃物的图片。海报每周都会更新，有些图片还能让人捧腹大笑。（把他的手机转给卡岑看）你看，这里就有一张我们所有人都捧腹大笑的照片。

卡岑（指着照片）：那两个人是谁？

卡尔文：商店经理杰斯和客户卡伦，他们在用泡沫板把对方包成木乃伊。

卡岑：这张照片可真好，这也是一个非常好的进展。

卡尔文：效果其实更好，这些门店现在回收的废弃物是普通门店回收的三倍。即使是不出来引导客人，后勤员工也会有更强的意识，关注包装材料能否最终回收或者沦为垃圾。杰斯最开始对这个想法持怀疑态度，但是社区的反应和客户的高度参与让他喜出望外。他下个月想把这个主意传达给她所在地区的管理人员。我们正在帮他制作展示材料，这也是为什么他把那张照片发给我了。卡伦是参与回收倡议度极高的一位客人，所以他也分享了很多自己的想法。理想的情况下，地方的领导层会让这个主意在整个公司内进行传播，你等着看吧。事实上，我们现在也正在和他核实一些想法，我们应该去了，卡岑，很高兴见到你。

除了阿列克斯和卡岑之外，所有人都离开了。

卡岑：公司似乎出现了很多好消息和积极的正能量。整体业务如何呢？当然我很好奇我们上次讨论过的那个谣言，我后来去看过新闻，那个事情似乎仍然很平静。

阿列克斯：我很高兴我们有机会私下交谈。我是已经打算给你打个电话，邀请你过来谈一谈的。我和那家创业公司的 CEO 坐下来谈了谈，然后参观了一下他们的办公室。简短点来讲，就是我能从骨子里感觉得到他们那种文化并不适合无畏公司。他们富有创新力并且发展迅速，我当然很希望能够把这些带到无畏。但是他们过于挥霍钱财，这甚至都有点让他们喘不过气。我是不能接受我的领导团队也这样子做的。目前看来无畏似乎要保持它自己的发展路线。

卡岑：你一定既有点儿如释重负，又有点儿失望吧。

阿列克斯：是的，你说得对，两者兼而有之。领导团队的整体情绪是一件很复杂的东西。仅做出一点理性的决定，不去谈及员工的真正反馈，这似乎容易多了。

卡岑（微笑）：所以现在你在谈论情绪。我冒险猜测：你接受了我的建议而且你已经在听从你的非正式领导的建议了。

阿列克斯：你猜对了。这一绿色倡议一直都是关于情绪能量的。

卡岑：你继续说。

阿列克斯：嗯，这一绿色倡议展示了它的积极面。它源于非正式领导的定期会议上的一个想法，它的正式实施是这个群体的巨大骄傲源泉和动力，推动他们提出更多新想法。我们似乎总体盈利能力略有上升，成本有所减少，但我们需要更多时间去获得准确的数据来证明这一点。但我猜测门店实施绿色倡议对盈利、消费者满意度和员工激励都有极大的好处。

卡岑：从"猜测"转变为"相信"，这是能真正释放出原始能量的。人们喜欢看到自己的行为有影响力，这有利于公司的盈利。当然，领导者更是如此，他们可能会随着时间的推移继续支持当时的那项行为。

阿列克斯（记下笔记）：好主意。但也有不够客观的一面。一旦你给人们一个机会释放，你就必须真的愿意听到他们所有的挫折感等情绪。

卡岑：当然。什么情绪让你感到惊讶？公司里面的愤怒、悲伤和挫败感等情绪都来自于哪里呢？

阿列克斯：我不确定它真的让我感到惊讶，但是公司各层次的员工都非常清楚，零售行业是一个多么危险的行业，也非常清楚无畏公司现在和将来面临的危险。即使算上最近的盈利，我们也有可能要关闭一些门店，并且解雇一些优秀的员工，毕竟我们没有其他的方式来解决问题。虽然这会有一点痛苦，但是我们已经开始实施了。

卡岑：有很多方法可以实现这种成本控制，同时也能够尊重人们的情感，帮助他们顺利渡过难关。这可能还需要详谈。裁员和坏消息并不意味着你没注重公司文化建设。事实上，了解员工在艰难时期的动机更为重要。

阿列克斯：另外，我们做了一个员工调查，也有点儿让人失望。48%的受访者认为高级管理人员所实施的改变并没有认真考虑较低级别员工的意见。根据这份调查，员工抵制变革的首要原因是他们并不了解这一变化，但他们又被要求实行，因此无法支持它。我从中得到的有效信息至少是这样的：大家在认知上存在一些障碍，所以我们应该开始关注这方面。

卡岑：听起来好消息比坏消息好，对吧？

阿列克斯：我希望如此。但我敢打赌，如果你问别人，他们会说我们只是改善边缘化的东西。我们还没有真正展示这些行为将如何助力我们成为一个真正与众不同的零售商。

卡岑：嗯，这时候权衡"部分"就绝对至关重要。没有比向人们展示"事物正在变化"更鼓舞人心的方式了。比起展示整个组织发生的一个小变化，展示一个小群体的明显变化会更加具有影响力。文化变革是需要时间的，当人们看到一个小群体已经获得明显进步后，这些人就会希望他们也能够变成受益的群体，并且有兴趣做下一只实验豚鼠。

阿列克斯：所以你说我应该专注于衡量实行绿色倡议的门店发生的变化。

卡岑：正确。想想卡尔文刚告诉我的那个故事：主动投入创造力与激情，想出绿色倡议那个主意，并且增设海报板。他们还提出了一个指标——每周称重门店所集材料的重量。

我认为他们可以想出一些其他的主意。简单点来说，每个店的销售也可以做点改变。重要的不是找到一个完美的指标，而是你要坚持不懈地鼓励其他门店采纳这个主意并同样实施下去。我建议去找出更多的激励方式。

阿列克斯：这很有道理。多努力点，把这种成功的模式推广下去。

卡岑：没错。变革不是一步到位的，而是一个不断推进的过程。依莲是想让领导团队每个人都对行为改变负责吗？把它们形成制度确定下来吧，放到领导团队的议程上，鼓励每个成员实施它并做直接汇报。像我刚才听到的故事发展那般，继续做分享。关于绿色倡议试点设立的那些指标，比如每周称重所回收垃圾等需要持续关注绩效指标就继续做着吧。

阿列克斯：这真是一项永无止境的事业啊。

卡岑：是的。只要你是 CEO，你永远不会对你的运营和战略袖手旁观。你需要始终应对竞争，并做出市场调整。保持文化的动态也是同样重要的。这是你无法在一夜之间就改变的东西，但是为了今天、明天和永久的发展，你可以塑造和操纵它。

阿列克斯：我现在明白了。我很高兴有你在我旁边给我提建议。

卡岑：我真是受宠若惊，但你错了。我可以告诉你，我只是今天走进了房间而已。而是你自己正在做你需要做的事情。就像今天我走进房间，看见你正在做你需要做的事情——建立一个积极的与你同行的步兵团队。

权衡的重要性

　　领导者在吸收学习少数关键理论的时候，总是反复地提到两个问题。第一个就是"我如何让人们采取不同的行动"，第二个即"我怎么知道公司文化是否在改变"，这两个问题的答案其实有深深的联系。促进公司文化改革是极具可能性的。但这个变革不是听一听、说一说就可以——一旦你确定了几个关键的特征、行为和人，那么你就应该实行一些能够符合公司发展目标并能够以文化改革为目标的切实行动。

　　本书的核心信息之一是文化情境随着时间的推移而缓慢改变。你动动手指并没有办法操控行为的改变，但是你可以通过干预来创造条件，以让正确的行为出现。这就是我们在整个过程中使用干预这个词的原因，它是一个组织承诺、解释、鼓励、加强任何蓄意行为的广义术语。你应在你员工中建立一个连贯的"推动者"系统，其中部分推动者是正式的，部分非正式的。他们集合在一起，就能够集思广益，创造出企业发展的新道路。

　　干预存在多种形式，本章对如何设计出适用于你和员工的方法提出了一些建议。最有效的干预措施具备三个特点。首先，这些干预手段应从少数关键行为讨论中得出，并通过设计，使期望行为支持整体业务。第二，这些干预手段能够跟踪并权衡出新行为付诸行动后产生的业务成果。第三，这些干预手段适用于受影响者的思想和心灵。

就像非正式领导不同于文化大使和改革模范一样，行为干预不同于自上而下且带有转型计划的传统通信程序，因为那种程序可能会产生不统一的效果。很明显，自上而下的通信程序在任何组织变革中都有用；这种通信程序如果清晰一致地在情感统一的情况下执行，它就会向员工传达关于未来方向以及期待的信息，并且也会得到高层一致的支持。卡岑喜欢这样告诉领导者：我并不担心你要说什么，把一个公司从通信主导模式转型为文化主导且以行为为中心的模式是需要方法的，这要求员工积极参与，而不仅仅下载最新的检索系统而已。干预机制设计得好，就能精准瞄准目标，完成好工作，并且能够让员工日复一日地合作。

在这个领域，在选择特征、行为和非正式领导的时候，干预和衡量的关键就是关注关键的少数部分。你应与真正的非正式领导合作共同设计干预措施，有助于嵌入和强化行为，也会激发更多具体可行的主意。例如，"嘿，我们可以通过成立工作组和举行一周一次的分享会议来强化行为"。我们将这些想法称为"机制"或"传播机制",这是一种可以把行为付诸实践的有形方式。在实行这种方式的时候,你们可以对过程中取得的成就进行衡量。创造出一种持久并强化的循环性氛围。

维持这种势头的唯一方法是取得可观并具有说服力的进步。这种进步能够鼓励员工,且关键行为也得到了回报,因而会持续下去。简而言之,这就是教会在草坪上用胶合板温度计追踪为教堂交易会筹集的资金的原因,这也是在线筹款活动的主页上标注着向目标筹款金额靠近的进度的原因。这种鼓励行为能推动进展,使有效行为反复出现。

为什么不立刻在整个公司内开始实行?或者说,为什么不从领导者开始自上而下地实行?早期的干预手段确实提供了有效的学习方法,能够让你的公司运营良好,常规来说,自上而下的模式无法尽早征求下级意见,因此会错过获得来自较低层次人员的能量和想法的机会。

如果你试图立刻从整个公司入手,那么公司的每个人是必须准备好并愿意在同一时刻努力的,这可是一个高要求。因此与少数乐意支持这项事业的高管联手更容易。他们能够与同样充满活力的经理人同行,并能邀请已经实行关键行为的非正式领导。只要组建一个这样的小组,你就成功了一半。这是在利

用层次结构和组织支持，这涉及中层管理和基层前线管理领域的内容。你不是在关注企业文化哪里产生了漏洞，而是在关注企业中积极能量的构建，以感染他们并使其茁壮成长，从而公司能够快速获得可见收益，并向这个有目标的组织发送强烈的信息：文化和战略的一致性对公司整体十分有利。

当然，这一点必须要有说服力。本章的剩余部分致力于通过一些已经大有所获的公司实例，分享我们从这些研究和经验中学习的方法。在此，我们要提出一个新的术语——"试点"，这也是贯穿本章的一个重点术语。

试点即对新行为进行试验的组织，旨在突出和认可新的行动方式，并将这些行动与可衡量的结果联系起来。试点一般是小规模组织，如果行之有效，则扩展到更大的组织中。试验结果会展示出行为的影响力、发展势头，从而证明这样一个软性手段确实有效。

本章介绍的几个例子中的试点都是精心设计的，旨在让组织里的关键少数行为对公司运营产生好的影响。每个例子中的试点会移动，鼓励员工创造价值，换句话来说，这些试点需要项目负责人和参与者共同创造和运营。

我们在这里首先想说，你把本章看完可能会有点失望。因为即使某个指标已经适用于其他一千家公司，但这可能并不是一个普适性指标，不适用于你的公司。但是，我仍然希望当你看到本章总结后，会被我们说服，因为这些想法是我们通过探索真实的客户情况从而清楚总结的，即对你公司文化起巨大影响作用的最好方式就是聚焦公司的关键性行为，让真正的非正式领导参与进来，并想出特定的、可衡量的干预手段。这才是能真正持久的文化改革的秘诀。

制定目标既要志存高远也要脚踏实地

1987 年，美国铝业公司新任命了一位 CEO——保罗·奥尼尔（Paul O'Neill），他在与分析师和投资人第一次会面时，宣布了一个大胆的决定：将工人的安全问题放在首位。但分析师认为这一做法不可行，并建议他们的客户尽快抛售该公司股票。但最终奥尼尔证明了他们的想法是错误的。奥尼尔接管公司一年后，公司盈利水平达到历史最高，在他长达十三年的任期结束时，美国铝业公司的运作状况远超所有人预期。不仅如此，奥尼尔还信守承诺，将美国铝业公司打造成了世界上最安全的公司。

美国铝业公司在奥尼尔的引导下完成转型的故事很受公众喜爱，因为其中所蕴含的许多有关管理和领导的知识都极具吸引力，但又不同于传统观点。这个故事完美地体现了领导者注重员工利益是如何推动企业经济效益提高的。员工的生命安全得到保证，同样公司收益也得到了保证。20 世纪 90 年代早期，卡岑在对通用汽车公司调查期间发现，某位工厂经理将工厂能够起死回生的原因归功于奥尼尔的员工安全理念，因为员工可以看到他们的领导者是从一个虽基本但充满人道主义精神的角度来关心他们的。奥尼尔的做法也是一个有关行动力的很好的例子，查尔斯·都希格曾在其著作《习惯的力量》中做过引用。他写道：奥尼尔相信某些习惯可以"引起某种连锁反应，并在企业内部改变他人的习惯"。

美国铝业公司的范例还说明：公司专注于高远、恰当、可实现的目标对于促进其全面进步是非常行之有效的。试想一下："避免员工受伤"与其他更常见的 CEO 命令如"超过同类竞争者"或者"做到行业的龙头老大"相比，存在多么大的差别。"避免员工受伤"不同于其他更常见的目标的地方在于，它要求每位员工在工作中都要有意识地去考虑其自身的行为产生的影响。这使我们想起了几年前，在某个科技公司那里进行的一个综合性文化转型项目。当时，这家公司正在进行大规模转型。我们的工作重点是选择关键行为，任用和动员一支由真正的非正式领导组成的全球骨干队伍。这需要深入调查该公司的客户体验以及电脑业务中的笔记本电脑的质量。

最终，公司的领导团队决定集中提升笔记本电脑的质量，因其有象征性的价值。无论从内部还是外部来看，该公司笔记本电脑连续几年为人诟病。消费者会直接向客户服务中心和在线论坛抱怨电脑存在破损以及设计缺陷。他们将笔记本电脑送回，并要求更换新的电脑——因为电脑仍在保修期内，所以这一做法十分合理，但对该公司来说却是一笔很大的支出。通过对每台笔记本电脑的整个开发价值链的分析，找到了许多可改进的方面，如产品开发过程和供应商管理。这些相对较差的方面中可用的衡量标准又十分有限。仅从外部来看，很难置身其中，找到提升的方法。即使有衡量标准可用，但其相较于其他领先标准来讲并不完善，没有与业绩评比挂钩。除了这些常见的问题外，我们还发现了几个日常问题需要改进，包括跨筒仓的沟通不畅以及缺少工作准则，员工遇到问题时更多选择打报告而不是解决问题等。

企业文化的领导层与业务领域的领导层合作，建立了一个全面的改进计划，包括传统的防护措施：重新设计衡量标准和激励措施，改进开发和移交流程。这些改进措施是领导层与非

正式领导在紧张的、实际的、简洁的工作会议上共同设计的。这些会议还为非正式领导提供了讨论和应对关键行为的机会。之后，为了综合考量非正式领导提供的想法，会议主持人在白板上会描绘一个理想的新价值链。然后，会议室变得安静了。主持人暂停了会议，并提请大家注意他们的能量和热情明显下降了。她问："如果有的话，是什么阻止今天的你将这些行为和价值链付诸实践呢？"

一位经理举起手来，说道："看看整个价值链是件好事，但唯一还需要权衡一下的就是装箱时间。"这一瞬间十分紧张，因为他说出了真相。领导们没能通过自上而下的差距分析并发现这种激励偏差——应该让一个在前线工作的员工去发现问题，因为他每天都会处理笔记本电脑。如果人们关注的唯一标准就是受激励的一线工人能否在任何条件下都将笔记本电脑扔进箱子里，那么除了生产速度外，人们又该如何以及为什么要关注产品的质量和状况呢？

但微小的错误激励机制可能会引发不可预见的戏剧性后果，并不是像马蹄丢了钉子那样简单，这是公司整体文化演进的一个分水岭，已建立的激励政策和提高质量的目标之间的不协调之处的确得到了改善。此外，我们也重新设计了涵盖整个产品生命周期的全套衡量标准。在进行调整前，每个员工在一定程度上都会用回报率来计算自己对公司的贡献，但是回报率这种东西似乎很模糊又有悖实际。换句话来说就是，这些衡量标准不够细化，任何个人都看不到其工作对自己产生的影响。此外，这些衡量标准的反馈都很滞后，也就是说统计标准实现情况的时间太晚，无法实时调整来更改它们。我们的目的在于建立一套更完备的衡量标准，落实特定领域的员工责任，并在领先和滞后的指标之间找到一个平衡点。

如果没有这次的企业文化演进项目，那么这位经理和其他非正式领导就没有机会出现在这样一个可以畅所欲言的讨论会上直抒己见。（大概率的情况是，领导者也不会听取他们的意见并作出相应举措。）那么这些问题将一直不会让管理层的"雷达"探测到，因此，一线员工对于管理层是否有认真考虑"质量"等相关问题的怀疑情绪将会持续发酵。然而所有传统的、正式的方法在提升产品质量方面都有所不足。

此外，参与此次讨论会的那些非正式领导目睹了领导层对激励政策作出的调整，员工也因此对领导层提高了期望。他们意识到自己的意见也很重要，自己的声音会被听到。散会后，非正式领导会一遍一遍地重复会议上发生的事情。讨论会上发生的一切与全公司都在讨论的话题相融合并将话题涵盖内容扩大，不仅限于如何改变并提升公司现行状况。这次会议之所以

重要，在于它是作为一个更大运动的一部分发生的，并且与该运动的内涵是一致的，也确实代表了整个运动想要实现的目标。讨论会的中心思想在口口相传中得到了加强，员工的工作积极性得到大幅提升。

几个月内，有超过 1000 名工程师参加了质量行为讨论会。此外，公司还引入了新的衡量标准来评估新产品是否可以从一个开发阶段过渡到下一个开发阶段。通过参考这些指标就可以实现数百名经理和一线员工对高质量的绩效数据负责。更重要的是，员工了解到无论是作为个人或者团队中的一员，自己的行为对达到这些衡量标准有怎样的影响，并会将自己的行为看作公司转型大计划中的一部分。

高层领导也发挥了作用：在他们的日常决策和更广泛的沟通中，他们将质量作为首要任务的意向变得更加明确和直接。供应链管理高级副总裁每月会留出一整天时间与所有供应商和生产合作伙伴进行视频会议，审查文件（其中详细说明了每种产品存在的所有问题），之后一个一个地解决这些问题。这向内部员工和外部合作伙伴都强有力地证明了：高层领导致力于解决问题，并深入探究问题的根源的决心。推迟产品发布时间去解决质量问题成为值得骄傲的事情，而不是应该受到指责的行为。当产品经理拆开这些产品进行检查时，他们很欣喜，这就成了值得员工骄傲的事情。不出所料，实施整个计划一年后，公司节省了近一亿美元的支出。

这个事例还说明了另一个有价值的观点：干预和衡量。前面的例子说明了领导层将注意力集中在一个衡量标准上——在美国铝业公司的案例中是工人的安全，在科技公司的案例中是笔记本电脑的质量——可以为改变公司文化提供一个重点关注对象和目标，正如都希格指出的那样，催化进一步改进的"连锁反应"。

试点：将行为应用到经营活动中

选准要施加干预的经营问题和衡量标准是非常重要的。选择你想干预的领域也很关键，无论是某个部门、某个设施或者是某项职能，这都是最适合第一次试验进行的领域。

在做这个决定时，有许多因素都会影响最终的结果。如果想让其他人知道，当更多的人经常地进行更关键少数行为时，就会有好的事情发生在他们身上，也会在公司的绩效上有所体现；那么你要从寻找支持你的行政领导和部门领导开始，显然他们会被行为导向的转变所激励。

然后，从这些人开始，逐层过渡到那些领导着可管理的中端业务领域的人。如果你的初始团队太大或太复杂，那么马上发生改变可能会很困难，得出最终结果也可能需要更长的时间。但是，更小的团体或更细分的团体也并不一定是理想的，因为即使是富有突破性的行为也可能被认为不适用于公司的其他部门。最后，过滤掉那些正面临沉重负担的部门。在一家正在进行深入维护检修流程的炼油厂里，试图将一系列新的行为制度化，这是几乎不可能的；同样，也要避免选择那些几个月来都在忙于某个重大系统发布的 IT 部门，而当公司有新产品要发布或推出时，这类公司的客服中心也应当要踢出备选行列。

当然，如果有更多的人能够采取关键少数行为，那么所有这些情况都将得益于此。（但是请做好准备——如果有人确实有这些困扰，可能会希望在试点中得到特别观众，但特别观众会有一个特定的目标。）如果你选择了其中任何一个，你都将冒着无法得到管理层和员工全部注意力的风险，因为他们会更关注自己的即时目标，而非需要长时间进行的行为转化工作。此外，如果试点在注重行为的同时，还在成绩上取得了巨大的进步，那么你的最终结果可能会被其他正在改善的领域所误导。

你要像科学家在选择试验区域那样去选择你的试点：应精确地
找到改进的区域，并让它可以清楚地表明，实施这些改进已经
有成效。这样一来你就得到了至今为止骄傲的数据，以及值得
一遍一遍去重复的故事——无论是从正式或者非正式的途径，
你都将获得回报。

但是，如果你的整个企业都在经历转型，这是否意味着关
键少数行为不起作用呢？恰恰相反。如果你正在对整个企业（或
者是企业内部的某个部门）进行全面变革，那么关键少数行为
可能起到一种强大的促进剂的作用，喜人的结果和成功的案例
将迅速传播出去，吸引更多的人加入进来。

说明这一问题最好的一个例子，就是我们最近在一个全球
农业化学和农业生物技术组织进行的一个文化演进项目。这个
组织的供应链主管应主导整个组织的生产转型，确定流程改进
所实施的领域，并在所有生产环节中应用精益生产的原则。他
非常精明，认识到真正的转型不仅需要包含流程改进和精益生
产，而且还需要行为改变。我们的工作使我们致力于了解每个
企业的文化以及领导行为，这样才能支持并推动完成这些生产
目标。

我们就以下两个问题与一线员工进行了讨论："我们的优
势从何而来""是什么阻止公司的进步"。从这些问题中，我

们了解到，当习惯的行为方式与想要转变的行为方式相违背时，我们就必须要坚持进行改变了。

大量的反馈都显示员工支持关键少数行为，因为这些行为的目的就是加强企业文化实力，调动员工的积极性，解决企业中存在的最大顽疾，从而降低产生消极情绪的可能性。

积极的情绪会提高生产力。这些行为是非常具体和显而易见的。例如，通过增加工作量来提升业务透明度，并坚持用公开的协议来解决和回答问题。然后，针对每个行为，文化团队加上企业领导和人力资源部门共同提出了有助于这种行为的想法（称为"正式和非正式的促成因素"），这些促成因素从易于执行的想法（例如，在经理办公室门旁边放置一个意见箱）到需要利益相关者共同努力的复杂提议（例如，大幅改善所有流程的归档工作）。

接下来，针对每种想法，我们都制定了一份章程，为领导层提出了一系列方法，以将该想法付诸实际后用于跟踪该领域进展的指标。（例如，其中一个章程是"分享反馈和指导意见"，见表5-1。）随后项目负责人在会议上向高层领导讲解这些章程，并介绍文化项目的最新进展，建议领导层找出"关键的少数人"。当领导者讨论行为组合时，他们会将重点放在评估指标上。他们很清楚，他们应该选择一些可以相对容易记录和衡量的行为。

换句话说，当涉及改变行为的机制时，可测量性是选择关键
少数的决定因素。

表 5-1　关键行为章程示例

关键行为章程：分享反馈和指导意见
目标 ·培训和指导员工有效地提供和接收反馈。 ·提供特别指导与现场领导培训, 而不是用领导行为来教授他人。
背景（历史表现、问题） ·有些员工在复杂情况下不愿意提供反馈。 ·其他人认为提升并非来自于纠正错误。
主要利益相关者 ·公司领导。 ·公司的人力资源部门。 ·公司的转型管理部门。
待实现目标 ·帮助提升每个员工的工作效率, 提升他们的工作技能, 并推动实施所选定的行为, 以提高公司表现。
衡量标准 · ＿％员工要定期提供工作实时反馈并接受挫折训练。 · ＿％员工需要提供负面反馈的环境。 · ＿％员工应该认为自己拥有应对新挑战的方法和资源。 · ＿％员工应该认为领导层需要自己负责的领域是他们的行为和工作成绩。

衡量是一种方法，而不仅仅是结果

全球农业化学和农业生物技术组织的例子——更具体地讲，就是公司为每种机制设计的章程——证明了一个很有用的观点：文化团队和非正式领导一起设计的机制，可以鼓励更多的人更频繁地实行关键行为，但他们都不断地在问同一个问题——如何衡量其成效。这种充满求知欲的思考方式帮助他们建立了一套细致入微、多方面的方法，并在这一过程中发现了大量可靠的行为衡量标准。他们不仅只关心组织的最终表现（正如美国铝业公司关心员工生命安全和科技公司关心笔记本电脑质量），他们还在关注主要指标的组合情况，这专门用于建立问责制和了解任务的落实情况。最终，你应该找到能将目标和新行为联系起来的方法，以提升最终的经营成效，即使这种联系看起来很脆弱或者是间接的。

和其他的方案或计划一样，我们在实施过程中总是有机会获取有效的、有价值的数据。你可以并且应该跟踪实际、具体、简单的信息，例如参与的人数、整体文化交流的邮件的回复率，以及起到促进关键行为作用的内网流量。这有助于建立一个基准参考数据集，借此你能够了解什么时候员工工作热情最高。同时我们还要了解公司已经掌握的数据，例如员工敬业程度，并跟踪这些数据是否有变动。这种情况在你预先选择了想要改变的行为领域时，尤为有效。例如，如果选定的关键行为与授予各级员工权力有关，那么就可以缩小敬业度调查的范围。例如，对"我觉得被鼓励提出新的、更好的做事方法"的回复率，你甚至可以逐级分解这些数据，调查这些数据随时间或业务领域的变化情况，并评估试点的这些数据是否有提高。

我们还可以构建新的数据捕获工具，例如行为脉冲调查。表 5-2 中给出了具体示例。这些工具通过巧妙的设计，可以实现快速、便捷并且以只询问员工企业内部是否有其满意的行为存在的目标。在第 4 章中，我们描述了在银行中展开的组织网络分析，以确定其范例和影响人群。该案列还包括对关键行为的脉冲调查，以确定基线。这家公司的领导打算继续采用这种行为脉冲调查作为关键绩效指标，以了解他们的运营状况，并确定采取行为的领域与不采取行为的领域。这帮助领导层了解在未来如何施加干预。

表 5-2　脉冲调查示例

对于以下四个问题，请从1（强烈不同意）到10（强烈同意）中选择一个答案。我们希望你与我们分享以下行为在你当前工作环境中发生的程度。
·各级领导有助于将我的工作与更远大的目标（如诚信服务客户）联系起来。
·奋斗在不同领域的各级领导和同事一起向着共同的目标努力，并紧密跟踪业务状况。
·各级领导能让我掌控自己的工作，并帮助我消除工作中出现的障碍。
·上述三种行为对我今天的业务绩效产生了积极影响。

最后，我们始终应将注意力留给文化演进过程中出现的各种事件。通常，当一个企业成功地完成文化演进时，有关新的行为方式的故事就会突然冒出来并传播开来，预示着"这家公司已经不是过去的样子了"。那家技术公司经理说出衡量标准的想法的故事是一个很好的例子。当这种事件出现时，抓住并利用它，如果人们已经发现它足够有趣，并一直讨论它，尽你所能将它的影响最大化。你还可以在日常交流中提及这个故事，或者是大声喊出故事的"主人公"的名字，再或者是要求他们多谈谈自己的经历。但不要只是消极地等待故事的出现，你要积极地培养故事的"主人公"，可以鼓励他们以故事的形式来展示自己见证的行为演进的过程。

某些公司把讲故事作为非正式领导的日常工作。这有助于将内部讨论的重点放在表达"在日常办公中某种行为是如何进行的"。你也可以更广泛地征集故事，甚至将讲故事作为整个文化演进的主题；我们看到一些公司会举办由 CEO 赞助的最佳故事比赛，这类比赛采取了 TED 演讲的模式，高层领导向广大观众讲述文化是如何发生变化的，并将讲故事这种形式作为一种干预手段。这些故事也是一个数据集，应把收集这些故事当作一种习惯，分析、理解其含义，并向上级报告故事发生的频率与内容。

詹姆斯·托马斯曾在中东的一家能源公司参与文化转型项目，该项目历时近两年。在此期间，他结识了一位很特别的经理。这位经理起初是一位怀疑论者，但在他们的合作过程中，他开始对项目中的"基于行为的转变"深信不疑。在项目的进展过程中，他需要向高级领导汇报进程，下面这段文字引述自他热情洋溢的报告：

如果我告诉你，在过去的六个月里，我们部门讨论和承诺实行关键行为的人数由起初的十人增至一百人，整个部门内提交报告的人数已经从十人中的五人增至七人；我们现在有十二个对企业发展起积极作用的故事，这是之前从未有过的；而设备利用率

（在开始之前我们将关键绩效指标作为优先考虑的标准）提高了5%——那么你认为我说我们正在进步是真话吗？

我们喜欢这段话！因为它说明了本章关于衡量和影响的核心观点，即它是复杂的、多方面的和可能实现的。这段话中关于衡量的部分十分有力，其中包括了参与度（从十人到一百人的变化）、行为调查结果（从十人中的五人上涨到七人）以及对公司运营中新出现的行为故事进行的密切观察（有十二个对企业发展起积极作用的故事），最后展示了衡量与经营成果有明确的联系（将设备的利用率提高了5%）。虽然这名经理没有明确地将关键绩效指标中上涨的5%与关键行为联系起来，但很明显，他认为这二者之间存在因果关系。

衡量会跟着情绪走

詹姆斯·托马斯曾与中东的一家矿业公司合作，这家公司所拥有的矿山和加工设备遍布整个中东地区。这家公司的员工组成了一个特殊的群体，他们来自不同的种族、有着不同的宗教背景，甚至语言也互不相通。詹姆斯·托马斯和公司领导层共同设计了他们的文化改革计划。对于领导层来说，这是一个重要的机会，确保公司的全体员工都可以了解公司的价值观，同时使整个企业的行为能与持续深入的扩张计划相适应。

这家公司和第4章中的那家银行一样，也使用了网络分析来寻找非正式领导，然后让这些真正非正式领导举行全天候的改革讨论会，讨论关键行为及其是如何融入各个层级的日常工作中的，同时讨论什么样的潜在衡量标准可以用于追踪经营状况，以及发现他们的存在。

关键行为表现出对员工和他们的工作空间的尊重。一家加工厂的非正式领导认为，每日工作地点的安全和清洁程度准确反映了员工之间相互尊重的程度。一般来说，重金属行业和金属加工行业的工作环境都特别"脏乱差"，而工作本身的危险度又很高，对于每天在这类地方工作的人来说，清洁、安全和尊重之间的联系不是抽象的，而是直接的。非正式领导与文化改革项目负责人一起制定了一系列机制，鼓励员工个人对工作现场的清洁和安全承担责任。他们还为这种行为制定了一个有趣的衡量标准——废物管理。

在几次访谈和对话中，非正式领导指出，当自己把废物带走扔到垃圾桶中，却看到其他人没有这样做时，心情非常沮丧，

但按照规定那些人也确实只需要将废物放在垃圾桶外就可以了。他们认为这是不尊重他人的表现。当员工独自一人时，不会考虑自己的行动对其他人会产生怎样的影响。有非正式领导建议，在倾倒垃圾桶前，拍照记录每个垃圾桶每周的使用情况。每周的照片都记录了这个厂子的改进过程，员工从原先互不尊重、不考虑彼此安全的状态开始改变，现在互相尊重，重视安全的行为已与这间工厂融为一体——这里除了垃圾桶里有垃圾外，到处都十分整洁。

我们喜欢这一例子，因为该组织的领导层虽然为人真诚，怀有一颗善心，但从未制定这种机制和相关的衡量标准。（这又让我们想起了本章中提及的科技公司的例子，两件事说明的道理是相同的。让我们再重点强调一下：听听非正式领导的意见吧！）必须奋斗在一线，才能够了解那些垃圾桶给员工带来的真实的情感影响，因为员工才是在这里工作的人——这个事例体现的就是员工之间缺少相互尊重。一段时间后，垃圾桶照片被用作衡量进步的标准。事实上，领导以严肃的态度对待这些照片，并对其进行研究，这本身就是一种进步——原本的工厂等级森严，但现在这个厂子的领导层正积极地、自愿地学习从每日辛勤工作的员工的角度去思考问题。

展望文化与衡量

首先我们必须要承认：文化是一个"模糊"的概念，因此企业要想建立坚实的规则或普遍适用的衡量标准是很困难的。我们的目标是，通过我们分享的故事和例子，让你相信，关于文化的改变确实是有可能从理论走向实际的。关键是要实事求是，有纪律，并且要非常认真地倾听那些一线员工的意见。你选择衡量标准就和你选择适当行为是一样的——不是根据一些抽象的理想去选择，而是要深入观察那些做实事的人，以及从照顾员工情感的角度出发，思考他们真正需要的是什么。

在这个文化游戏中待的时间越长，我们就越意识到这是一个尚处于初级阶段的研究领域。这个领域的其他实践者正在寻找或声称已经找到了一个可靠的、放之四海而皆准的指标可以用来衡量文化是否"有效"。我们当然希望有更多的人能加入这个行业，并期盼在未来能有一天为成功者喝彩，并与之拥抱。但是目前，我们还是希望客户和读者不要把注意力放在"最佳"文化这个抽象的概念上，而是去寻找在你的公司当前的文化中什么是最强大、最可靠、最有效的文化。我们相信，这是调动员工积极性最快和最有效的方法。

我们在卡岑巴赫中心进行的工作，只是更大运动的一小部分，其中的理论家和实践者正在寻求在研究企业的"软面"方面取得进展。2016年，摩根士丹利发布了《工作场所性别多样性框架》（*A Framework for Gender Diversity in the Workplace*），提出在某些制定专门流程来解决两性公平问题的公司，股票回报率与财务绩效的波动是存在因果关系的。研究人员应用定量模型来分析，参考数据不仅包括来自公司内部不同职位的男女，而且还包括诸如工资平等、产假政策和弹性工作机会等因素，最终得出了一个相对应的分数。摩根士丹利称之为"性别多样性文化"，然后将这一得分与他们的标准财务指标（如回报率和波动性）联系起来看。摩根士丹利的数据非常准确："尤其是在企业环境中，较高的性别多样性可以转化为更高的生产力、更强的创新能力、更优的决策过程，以及更高的员工保留率和满意度。"

我们之所以在结论处引用此项研究，在于我们受此启发，在可量化的根本原因和"文化／行为"问题以及性别多样性之间找到了明确的联系。我们相信，无论是内部或是外部的同僚的求知欲，或是我们所有人共享的数据，都会使这类研究在未来几年内激增，我们将进一步弄明白人类工作中的行为、感受和操作方式之间的关系，以及我们的企业是如何运作的。读者们，我们想向你们提出一个挑战，即不要急于在自己的公司也建立一个同样的模型，而是要摒弃可以衡量和量化一个文化的方方面面这样的简单想法，这样反而可以产生一些独到、有力的见解。

附　录

下面图附录 1 与表附录 1 是一份焦点小组座谈会提纲样本和一份调查问卷模板，以供参考，这将助力你的文化演进之旅。

议项	任务目标	时间
引入	·完成会议介绍并就基本规则达成一致。	10 分钟
文化	·了解当前公司文化的优点。 ·了解当前公司文化的缺点。	40 分钟
行为	·了解公司里的模范行为。 ·了解越来越多员工做出这些行为背后的动机。 ·了解哪些行为对公司产生的影响最大。	60 分钟
反馈与总结	·召开简短的反馈会议。 ·总结成员的发言重点和一致意见。	10 分钟

图附录 1　焦点小组座谈会提纲

表附录1　企业文化调查问卷模板

·你会如何描述公司的文化？ ——你认为有哪些文化是特别的或独一无二的（如关系型、指标型）？员工在公司工作时感到自豪的是什么？
·你能具体说出那些与你的战略目标相违背的文化或者文化中的一些方面吗？ ——是什么让你彻夜难眠？在家的时候，你常常会抱怨什么？
·公司里有哪些（正式流程、规章制度、架构等）会打破员工在日常工作中良好的文化氛围？
·公司里有没有一些特定的部门比其他部门表现得要好？区别是什么？在这些部门中，你观察到的有效行为有哪些？ ——每个员工是如何体现这些有效行为的？
·你对公司文化的愿景是什么？如果达成，会是什么样？
·为示范你心中的理想行为，领导现在可以开始做些什么？
·为示范你心中的理想行为，你现在可以开始做些什么？

后　记

[场景：十二月中旬，一个工作日的下午，在无畏的一家零售店，店内熙熙攘攘]

阿列克斯：谢谢你抽出时间来陪我逛逛这家店，我知道现在大家都很忙，尤其是这个时候。

塞巴斯蒂安：这是我的荣幸。董事会一直很想了解你在公司文化方面的作为。所以，我看到邀请就过来了，想了解下实际情况。

阿列克斯：我跟经理杰西说过我们会来，她很愿意领我们逛逛实物展示区以及改进后的回收中心，就在我们身后的月台旁边。她正在开员工会议，得到中午才结束。我们来得有点早了，走吧，先逛逛商店。

（塞巴斯蒂安和阿列克斯低声交谈着，穿的是运动衫配牛仔裤，十分随意。显然，他们不希望员工觉得自己被领导"监视"了。他们注意到有一名顾客和一名员工正在走廊的尽头激烈地交谈，顾客是位年纪稍大的女性，员工是一名年轻的男性。店里的节日音乐声音很大，听不清他们在说什么。顾客看上去不大开心，但员工的表情却很淡定。最后，从顾客的表情和手势可以看得出，这件事情解决了。他把什么记了下来，两人都笑了，然后顾客便离开了。员工朝着塞巴斯蒂安和阿列克斯方向的商店前台走来，阿列克斯喊住了他。）

阿列克斯：嘿，你好，我先自我介绍一下。我叫阿列克斯，是无畏公司的CEO。也没别的事，我听公司管理层说这家商店经营得很好，所以特地过来看看，碰巧就看到你了。你好像为顾客解决了一个问题。发生了什么事？

丹尼尔（有点慌）：CEO，真的假的？

塞巴斯蒂安（友好地伸出手）：是真的。他也是个平常人。我是塞巴斯蒂安，你叫？

丹尼尔：我叫丹尼尔，很高兴见到你们。

阿列克斯：所以刚刚那位顾客怎么了？

丹尼尔：她在网上买了东西，想退货却没有发票。她说盒子就在车里，但没把发票带来。这样算是违规，但我还是跟她说我会尽力帮她。现在她去拿东西，然后我们在退换中心见。我认识在那工作的员工，可以跟他们谈谈。

（看上去丹尼尔很担心，突然意识到自己在跟领导说话。）

丹尼尔：你们觉得，这样做可以吗？

阿列克斯：她走的时候很高兴。事情是不是这样：你听她讲完后，现在要和她一起去解决；要是走流程不管用，那你就会变换思路。我们应对顾客的情绪做出反馈——即便离你很远，我却看得清清楚楚。你充分地感知到了她的感受，这很关键。

丹尼尔：多谢！这番话对我意义重大。我要在她回来之前赶到退换中心。能认识你们我很高兴。谢谢，再见！

塞巴斯蒂安：刚刚这一幕让我印象深刻。

阿列克斯（骄傲地）：那是！我们有一些很厉害的员工。我来商店或当地办公室越勤，逛的次数越多，我越能意识到文化能带来的改变有多大。刚刚我就自然而然地谈到了我们的两个关键行为。

塞巴斯蒂安：那你是如何做到的呢？你认为这些改变的原因是什么？

阿列克斯：其实，就我个人而言，我一直在学习如何把权力下放给我们的团队。前些日子，我直接在办公室外开展了一系列文化与行为相联系的年度项目，现在我正把它移交给人力资源部门管理，作为我们整个人事工作流程的一部分。负责这个项目的卡尔文将会成为我的办公室主任。

塞巴斯蒂安：挺不错的主意。

阿列克斯：我真的发现，当每个人都专注自己的工作，并询问自己还能干点什么别的工作时，一种文化就能有效地运作，而这一切都归功于行为——习惯性的、一致的、清晰的行为。而且，这些行为需要有正向的情绪驱动，也就是说，员工在做这些事时得打心眼里觉得高兴。比如现在，我也会穿上制服，打扫走廊；再比如，现在开会我发言不多，更多时候是说两句总结性的话。目前，我正和一些以前没谈成的供应商谈判，然后我会在博客上记录下过程，这样我的员工就能看到。我尊重我的员工，也更理解他们了，感觉我们是一个集体。还有，每次我出差，我都会问他们怎样做才能节省开支，我们非常喜欢谈论这些。

塞巴斯蒂安：到底是怎么做到的？我想听听整个过程。

阿列克斯：第一，我们从公司里选拔了一批最励志的员工，大约花了六周打造成三支队伍，每队 12~15 人。第二，我们又花了八周时间，在关键业务领域另外组建了九支队伍，依然是 12~15 人一队。第三，我们把重心放在了现有队伍和新队伍的扩建上，鼓励更多人参与其中。每个队伍成员花了四周时间，组建各自的小分队，人数在 10~20 人之间。现在，我们已经到了最后一个阶段，队伍可以有组织地自行扩建。当然，我们还促进不同队伍之间合作学习，分享经验，并继续支持和鼓励他们。但公司已经出现了变化，我越来越高兴地看到事情在向好的方向发展。

重要的是，我们能切身感受到这种变化。虽然有些是可以量化的成果，但有许多东西却是不可量化的。我们先用正向的情感来定义我们最好的文化，并依靠这种情感延续文化。员工一直说他们上班从来没这么开心过，而且他们工作也更努力了。以前我们害怕面临挑战，如今却迎难而上。

塞巴斯蒂安：我还在另一家公司做董事，现在那家公司正面临着和去年我们公司类似的困境——行业衰退，以及公司内员工动力不足。你会给他们的 CEO 什么建议呢？

阿列克斯：我最大的收获就是，从现实主义和实用主义角度出发，思考无畏的文化处境。我不再执着于去改变我们的文化。相反，我看到的大部分文化潜藏于表面之下，几乎是一种潜意识，像我们游泳的水、呼吸的空气一样。我设法看到这些文化在实际工作中的作用，并对做出正确行为的员工加以鼓励，让他们为自己做出这些行为并取得了成果而感到高兴——就像我刚刚对丹尼尔所做的那样。我留心它什么时候起作用，而不是纠结于它什么时候会碍手碍脚；然后就像我制定公司的战略和运营重点一样，花心思去打造它。

文化没有绝对的好或坏。只有当我们将其作为我们工作重心的一部分，那么不管未来变化如何，文化都将一直延续我们的特色。

主要术语表

真正的非正式领导（Authentic Informal Leaders，AILs）：那些影响和激励他人而不依赖于他们在等级体系中的头衔或官方职位的人。他们天生具有影响他人的能力，是自下而上传播关键少数行为的有力资源。

行为（Behaviors）：公司内部的模式，表明个人如何花费时间、做出决定、处理关系、应对冲突和事实，以及如何完成工作；人们每天"做"的事情。

关键少数（Critical Few）：一个战略性的、经过精挑细选的针对某些特征、行为、人群或情感的集合，该范围的缩小是为了在最短的时间内对公司产生最大的作用。

文化举措/文化干预（Cultural Action/Intervention）：有针对性的行为，改变并影响人们的日常行为方式；在某些情况下也被称为"传播机制"或"促成因素"。

文化推动（Cultural Boost）：横扫整个组织的一股积极能量，在一系列协调统一的时刻，各级员工都能感受到与组织

之间的积极能量纽带。

文化一致 / 不一致（Cultural Coherence/Incoherence）：在积极的形式——也就是期望状态中，文化、战略和运营模式都是一致的；而在消极形式中，人们可以辨别出公司的文化不能支撑其战略目标。

文化洞见（Cultural Insight）：知悉组织内部如何"实际完成"工作的学问，即什么内容是人们强烈关注的，人们努力工作的动机是什么。是基于全面深入的诊断而增进自我了解的方法。

文化（Culture）：决定组织内部事务完成方式的行为、感受、思考和信念等的自我维持模式。

文化指纹（Culture Thumbprint）："关键少数"的独特、典型的组织特征，由积极和消极的行为表现形式赋予其丰富内涵；该方法是全面深入诊断的结果——通过焦点小组、访谈（有时是调查），来综合组织中众多成员的集体意见。

情感能量（Emotional Energy）：组织内部人员的集体反应，难以通过纯粹的理性框架或一系列情理来解释或认知。情感能量总是存在，但通常要在某些刺激的触发下——如危机、领导层声明、政策变动、战略方向转变——领导者或外部人员才会注意到。与某一特征类似，它也可以有正面或负面的表现形式。

基本行为（Keystone Behaviors）：查尔斯·都希格创立的术语，指某些在长时间地重复后可以帮助改变习惯的精选的行为。用于指代可以在整个组织范围内实践以帮助发展文化的行为。

关键绩效指标（KPI）：用于衡量行为变化的影响。

超越汇报线的引领（Leading Outside the Lines）：一种基于利用组织的正式和非正式两个方面的管理办法，帮助两个方面趋于"一致"。请参阅卡岑和齐亚·卡恩的著作《线外领导》。

机制或传播机制（Mechanisms or Spreading Mechanisms）：用以支撑文化演变工作中的关键行为的方案；同时也是干预措施。

中性（Neutral）：指对组织的描述性特征的愿景，旨在标明特征既具有积极也具有消极的潜在表现。这之所以意义重大在于它乃文化不具有"好"或"坏"的元素这一前提的核心——所有特征都可以理解为既能促成也能打破战略愿景。

象征性行动（Symbolic Act）：领导层刻意采取的、有目的的举措，以传达强有力的典型信息；一种特定于领导角色采取的文化干预形式。

特征（Trait）：一种公认的、组织范围内的人们的表现倾

向。某一特征的"中立"是指它同时具有积极和消极的影响，就像同一枚硬币有两面。

价值观（Values）：指导行为和举措的个人或组织的基本信念，本质上总是积极向上、抱负十足的。

推荐书单

本列表并不奢望能提供关于组织文化领域著作的全面概述。但我们选择强调突出部分著作，这些作品要么在《关键的少数》的文本中被引用，要么对我们方法论中的核心概念来说尤为重要。希望这些资源对你有所帮助。

查尔斯·都希格，《习惯的力量：生活工作中，我们为什么会做我们平常做的事情》（*The Power of Habit: Why We Do What We Do in Life and Business*），纽约：兰登书屋，2012。

都希格最畅销的书，探讨了习惯形成背后的科学以及如何利用这些知识来改变习惯。都希格的关于"主旨习惯"能触发个人及其同伴的其他习惯的概念，与我们所认为的关键少数行为能够强烈影响整个组织范围内的转变有着紧密的关联。

丹尼尔·戈尔曼，《情商：为什么它比智商更重要》

（*Emotional Intelligence: Why It Can Matter More than IQ*），纽约：班坦图书公司，1995。

丹尼尔·戈尔曼这本影响十足的著作讨论了感性思维（对比理性思维）在人际互动中的重要性。他描述了情商的五个关键组成部分——自我意识、自我调节、内在激励、共情、社交技能——以及如何获得这些能力。卡岑毕生工作的重点便是利用组织内部的情感力量来实现战略目标。

弗雷德里克·赫岑伯格，《再问一遍：你如何激励员工？》（*One More Time: How Do You Motivate Employees?*），哈佛商业评论，1968。

弗雷德里克·赫岑伯格的文章分析了导致员工敬业度有差异以及导致员工不满意的因素。弗雷德里克·赫岑伯格是率先提出无法仅通过公司政策和薪酬补偿等"官方因素"解决员工不满意问题的人之一；激励必须源于工作本身固有的因素和其他人对成就的认可。荣誉培养者和真正的非正式领导者两者兼于一身的人是能够以弗雷德里克·赫岑伯格所描述的方式激励他人的人。

乔恩·卡岑巴赫，《为什么荣誉重于金钱：世界最强激励力量》（*Why Pride Matters More than Money*），纽约：皇冠出版社，2003。

每家公司都有独特的荣誉感来源，而揭示这些来源是了解现有文化以及选择能够推动绩效的正确"关键行为"的关键部分。卡岑在《为什么荣誉重于金钱》一书中介绍的"情感是人类表现的主要驱动力的概念"对《关键的少数》这本书至关重要。

乔恩·卡岑巴赫；齐亚·卡恩，《线外领导：如何调动非正式组织、激励你的团队并获得更好的结果》（*Leading outside the Lines: How to Mobilize the Informal Organization, Energize Your Team, and Get Better Results*），新泽西：威立，2010。

这是本书的前提——最好的公司能做到平衡"正式"和"非正式"的某种双元性——这与《关键的少数》这本书中"为达到卓越绩效，组织内部的感性和理性力量必须保持一致"的观点相呼应。该书将"非正式组织"定义为新兴思想、社交网络、工作规范、价值观、同伴关系以及共同兴趣社区的网络，这些网络改变人们的行为方式。

乔恩·卡岑巴赫；道格拉斯·K.史密斯（Douglas K.Smith），《团队的智慧：创造高绩效组织》（*The Wisdom of Teams: Creating the High-Performance Organization*），波士顿：哈佛大学出版社，1993。

卡岑的第一本主要著作，于2015年重新出版，其核心论

点是团队没有理想的结构，最强大的团队是能够灵活调整其工作方式以应对当前挑战的团队。现在，卡岑认为，这份早期作品虽然具有影响力，却忽略了一个中心点——一个团队的能力不仅反映了其成员自己的选择，而且反映了围绕他们周围的组织文化的生态系统。

乔恩·卡岑巴赫；伊洛娜·斯蒂芬（Ilona Steffen）；卡洛琳·克隆利（Caroline Kronley），《坚守的文化变革》（*Cultural Change That Sticks*），哈佛商业评论（2012年7-8月）。

本书较早地指出，如果领导者想要发展他们的文化，那么在这种文化中工作比为这种文化而斗争要更好。作者指出，达到巅峰绩效的企业应用了五个原则：匹配战略和文化，关注行为的关键转变，尊重现有文化的优势，整合正式和非正式干预措施，衡量和监督文化演变。这些公司将文化视为竞争优势——变革的加速器，而不是障碍。

保罗·雷万德（Paul Leinwand）；塞萨尔·麦纳迪（Cesare Mainardi）；阿特·克莱纳，《行之有效的战略：成功公司如何缩小战略与执行差距》（*Strategy That Works: How Winning Companies Close the Strategy-to-Execution Gap*），波士顿：哈佛商业评论出版社，2016。

‹‹‹ 172

现如今，高管们常常在奋力缩小战略与执行之间的差距。在《行之有效的战略》一书中，作者探讨了常见的战略陷阱，并展示了世界上一些优秀公司是如何始终如一地胜过其他公司的。该书核心部分提出的"要素之间的'凝聚力'概念"与我们在《关键的少数》中提出的战略、运作模式和文化之间的动态张力非常相似。作者认为"让你的文化发挥作用"是世界上最好的公司共有的五种非常规领导行为之一。

埃德加·沙因（Edgar Schein），《组织文化与领导》（*Organizational Culture and Leadership*），新泽西：约塞巴斯出版社，1985。

这本经典之作现在已经是第五版了。埃德加·沙因被奉为组织文化之父，而这本书则是该主题的入门读物。它讨论了文化是如何形成的、文化在组织变革管理中的作用，以及领导在塑造文化中的作用。

致　谢

在本书中，我们力求简洁清晰地讲述一个非常复杂的主题。与此同时，这本书的产生绝非是通达顺利的。如果一本书有许多作者，那就是这本《关键的少数》了。启发阿列克斯与无畏公司之间的故事的项目、关系和经验历经了三家公司——最初的卡岑巴赫咨询公司，成立于 1999 年；思略特，卡岑巴赫咨询公司于 2008 年并入其中；普华永道，2014 年它收购思略特后成了我们目前所在的公司。在此过程中，许多尽心尽力的、聪明的思想家和从业者都为这一事业做出了贡献。我们会尽我们所能列出他们的名字来，如果你在本书中被遗漏，请知悉，我们有一天总会想起，集体拍额醒悟，并请求你的宽恕。

核心从业人员和贡献者

　　普华永道的思略特战略咨询所属的卡岑巴赫中心拥有一支全心全意致力于运营该中心的小型核心团队，以及一支积极"将我们所宣传的付诸实践"的专业小组。这一核心团队和全球领导团队（GLT），外加少数几位尽心尽力的个人，一起构成了卡岑巴赫中心管理实践社区，他们集体名为"共同作者"。在这个实践社区中，我们特别要感谢德安妮·阿吉雷，在担任众多其他机构职务之外，她还是思略特美国／墨西哥的领导人以及普华永道卡岑巴赫中心的全球赞助人。我们还要向普华永道的美国主席兼高级合伙人蒂姆·瑞安（Tim Ryan）和普华永道全球主席罗浩智表示感谢，感谢他们对该项目和我们工作的一路支持。

　　以下对这个小组的成形之路做些回忆。来自中东的佩洛拉·卡尔森也是该中心的指引人，他在我们有幸开展的最全面的多年文化演变工作之一中发挥了领导作用——这个项目让另一位 GLT 成员罗杰·拉巴特也加入到我们的行列中。在澳大利亚，瓦拉·戴维森一直是我们不知疲倦的拥护者，她建立了一个包括米歇尔·卡姆、朱利安·巴拉德（Julian Ballard）和许多其他人在内的当地实践社区。来自欧洲的弗雷德里克·坡克、黛安娜·迪米特罗娃和保罗·莫利－弗莱切一直是尽职尽责的共同领导人。另一位领导力爱好者巴里·沃斯特将来自非洲的趣味无穷的客户情况带入了我们的保留节目。在北美,阿曼达·埃弗森、贾梅·艾斯图皮南和克里丝蒂·赫尔的不懈努力赋予本书以深度共鸣,没有他们的付出就没有现在所见的这本书,他们是不折不扣的从业者。

在过去的六年里,卡岑巴赫中心开展了一项研究员项目,通过这个项目,有才华的、对管理感兴趣的人在他们进入客户服务职业生涯的最初几年里,可以与我们合作一年,学习我们的方法。我们目前的和以前的所有项目成员都以某种方式对我们的想法做出了贡献,例如 AB·阿拉姆(AB Allam)、瓦伦·哈特纳迦(Varun Bahatnagar)、西蒙·布朗(Simon Brown)、肖恩·巴克霍尔茨(Sean Buchholtz)、凯文·伯克(Kevin Burke)、马丁·克鲁(Martin Crew)、杰茜卡·盖格(Jessica Geiger)、凯蒂·格里菲思(Katie Griffith)、迈克·内夫(Mike Neff)、特里普·弗里德(Tripp Fried)、薇薇安·庞(Vivian Pang)、亚历山大·皮尔曼(Alexander Pearlman)、哈娜·雷兹尼科夫(Hana Reznikov)、吉迪恩·拉瑟福德(Gideon Rutherford)、卡罗琳·斯密特(Caroline Smit)、克尔斯滕·维兰德(Kirsten Verlander)、埃琳娜·温斯坦（Elena Weinstein）和英史塔·维吉（Inshita Wij）。

我们也可以自豪地提一提，有那么几个"关键少数"随后结束他们的职业生涯并重新回到我们的核心团队，为我们的工作做出了重大贡献。能和凯特·杜根、爱丽丝·周和辛迪·潘（Cindy Pan）一起工作，深感幸运。其他核心团队成员还包括布莱恩·韦兰（Brian Wayland），卡岑的得力工作人员和我们团队的运营大脑；卡洛琳·欧时力格尔，她从欧洲搬到美国，对拓展团队的全球视野助益良多；以及里德·卡彭特，她还是卡岑巴赫中心的美国领导人，也是全球领导团队的一员。里德·卡彭特在倡导和支持本书时一直孜孜不倦，如果没有她无私地承担多出平常的责任，那么完全可以说就不会有这本书面世。

在普华永道内外，许多人都向我们提供了指导和建议。感谢以下人员提供的支持和赞助：保罗·雷万德、兰迪·布朗宁（Randy Browning）、德尼·卡伽（Deniz Caglar）、维奈·库托（Vinay Couto）、卡丽·杜阿尔特（Carrie Duarte）、迈尔斯·埃弗森（Miles Everson）、穆罕默德·坎德（Mohamed Kande）、约阿希姆·罗特林（Joachim Rotering）和卡罗尔·斯塔宾斯（Carol Stubbings），以及比尔·考伯格（Bill Cobourn）、斯蒂芬妮·海德（Stephanie Hyde）、希拉尔·哈劳伊（Hilal Halaoui）、汤姆·菩提雅玛达姆（Tom

Puthiyamadam）、布莱尔·谢帕德（Blair Sheppard）、大卫·苏亚雷斯（David Suarez）和约翰·史维奥克拉（John Sviokla）。

特别感谢我们的 HIA 领导人，他们在过去几年中给我们提供了一个出色的工作环境：凯利·巴恩斯（Kelly Barnes），杰夫·吉特林（Jeff Gitlin）、杰·金（Jae Kim）和鲍勃·格伦（Bob Glenn）。此外，卡奇·波迪克（Kanchi Bordick）、贾斯汀·布朗（Justine Brown）、丹尼尔·加西亚（Daniel Garcia）、纳迪娅·库比斯（Nadia Kubis）、马特·利伯曼（Matt Lieberman）、詹妮弗·迈尔斯（Jennifer Myers）、玛蒂娜·桑金（Martina Sangin）和伊洛娜·斯蒂芬的建议和忠告也让我们受益匪浅。

除此之外，我们还拥有由其他人员组成的广泛的全球网络，他们将这项工作（我们要撰写本书）告诉客户，并把新的趣闻轶事、示例和对方法的更改建议反馈给我们。这个群体过于宽泛，难以一一列举，但是为我们的工作做出了巨大贡献的人有：彼得·贝尔顿（Peter Bertone）、安东尼娅·库苏马诺（Antonia Cusamano）、汉宁·哈根（Henning Hagen）、马特·曼尼（Matt Mani）、德尼·卡伽（Deniz Caglar）、马特·西格尔（Matt Siegel）、马特·埃戈尔（Matt Egol）、辛普金斯伯爵（Earl

Simpkins）、卡罗尔·西蒙兹（Carole Symonds）、明治三井（Kenji Mitsui）、杰·戈达（Jay Godla）、托姆·巴勒斯（Thom Bales）、帕特里克·迈尔（Patrick Maher）、伊戈尔·贝洛克里尼特斯基（Igor Belokrinitsky）、桑达尔·布拉曼尼亚（Sundar Subramanian）、里克·埃德蒙兹（Rick Edmunds）、格雷格·罗茨（Greg Rotz）和苏拉吉特·森（Surajit Sen）。此外，穆里尔·提阿姆波（Murielle Tiambo）、莫林·特兰萨姆（Maureen Trantham）、奥古斯托·吉亚科曼（Augusto Giacomman）、艾伦·纽曼（Aaron Newman）以及莎拉·内森（Sarah Nathan）都曾帮助我们。

要不是普华永道全球及其杂志《战略与经营》主编阿特·克莱纳的灵感，就不会有本书的存在，他从早期开始就通过把我们介绍给 Berrett-Koehler 出版社来引导我们撰写本书。《战略与经营》的编辑丹·格罗斯（Dan Gross）和米歇尔·吉尔德斯（Michelle Gerdes）也为卡岑巴赫中心提供了指导，间接使本书受益。非常感谢普华永道的一众内部营销和编辑合作伙伴，他们一路给予我们指导和支持：苏珊·布朗（Susan Brown）、马德琳·巴克（Madeleine Buck）、沈茂林（Mao-Lin Shen）、香农·金（Shannon King）、L. 帕克·巴纳姆（L. Parker Barnum）、迈克·曼宁（Mike

Manning）、杰弗里·麦克米兰（Jeffery McMillan）、迪伊·希尔迪（Dee Hildy）、莫莉·朗（Molly Lang）、西沃恩·福特（Siobhan Ford）、杰米·迪尔（Jaime Dirr）、伊丽莎白·巴雷特（Elizabeth Barrett）、安－丹妮丝·格雷迟（Ann-Denise Grech）、贝文·鲁兰（Bevan Ruland）和娜塔莎·安德烈（Natasha Andre）。其他助力本书正常进行的写作和校对人员有：迈克尔·沃克（Michael Walker），他将材料组织成我们的原始大纲；菲斯·弗洛尔（Faith Florer）制作了初稿以及维多利亚·贝利沃（Victoria Beliveau），她编辑了终稿。

其他主要贡献者

公司以外的其他人也以切实、深刻的洞察力指导了我们的思维。我们持续与前卡岑巴赫咨询公司的同事分享理念，如尼科·坎纳（Niko Canner）、齐亚·卡恩、尚蒂·纳亚克（Shanti Nayak）、约翰·罗兰德（John Rolander）、克里·萨科维茨（Kerry Sulkcowicz）和玛吉·范·德·格瑞德（Maggie van de Griend）。了解查尔斯·都希格是超出计划之外但收获颇丰的，他的"基本行为"概念已经证明与我们的方法之间有强烈的共鸣。前卡岑巴赫咨询公司的同事艾米·盖萝（Amy Gallo）现在是一名作家兼编辑，她慷慨地提供了明智的建议。我们都对查德·戈麦斯（Chad Gomes）心存感激，他针对这个主题从自身实地研究的角度出发分享了许多助益良多的趣闻轶事和精辟见解，并且与我们每个人都保持着好友和合作者的关系，扮演了关键的贡献人角色。Berrett-Koehler出版社的编辑们，尼尔·梅利特（Neil Maillet）、迈克尔·克罗里（Michael Crowley）和吉万·西瓦苏布拉曼尼亚（Jeevan Sivasubramaniam）以他们的热情给我们留下了深刻的印象。

　　自有关本书的谈话伊始，我们的家人以及和我们最亲密的核心团队和合作者的家人，一直在给予我们支持。正如所有机构的发展历程一样：扩展、订约、变换面貌，我们的家庭也在不断发展进化。在扩展这一话题上，我们的核心团队卡岑巴赫中心在后代的生育方面表现尤其突出，我们用这些备受宠爱的孩子们的名字来命名故事中的人物，玩得不亦乐乎。真正的艾福瑞、卡尔文、卡伦、卡西米尔、依莲、弗洛伦斯、简、罗斯、塞巴斯蒂安还有西奥多——都是在这个项目开始后降生的——是不是要给咱鞠个躬呢？

关于作者

　　乔恩·卡岑巴赫、詹姆斯·托马斯和格雷琴·安德森是卡岑巴赫中心的领导者。卡岑巴赫中心是普华永道战略咨询团队思略特关于企业文化和领导力的全球知识中心，旨在联合公司内外对人、文化和组织的充满热情和好奇心的志趣相投者。卡岑巴赫中心为其核心内容建立知识储备、进行基础研究、为团队提供培训和支持，并直接向客户提供服务。想了解我们最新的想法，请在《战略与经营》上关注我们的系列博客"关键问题"（http://strategy-business.com/the-critical-few）。

　　乔恩·卡岑巴赫是普华永道思略特卡岑巴赫中心的创始人。超过五十年为各行各业领导者提供咨询服务的经验，让卡岑在组织绩效、合作共赢、公司治理、文化转型和员工激励等方面成为业内公认的专家。思略特的前身博斯公司与普华永道合并前，卡岑是博斯的高级合伙人。在加入博斯公司前，他创立了卡岑巴赫合伙人有限责任公司，专注于研究公司的组织结构、领导力、公司治理和发展战略。他曾在麦肯锡工作三十余年，是麦肯锡的前董事。他著有或合著了许多文章和广为人知的书籍，包括《团队的智慧》《巅峰绩效》《线外领导》《培养员工自豪感》。本书包含的观点在他近几年与詹姆斯·托马斯及卡洛琳·欧时力格尔合著并发表在《战略与经营》上的《十条组织文化原则》，及与伊洛娜·斯蒂芬及卡洛琳·克隆利合著发表在《哈佛商业评论》上的《坚守的文化变革》中均有涉及。

卡岑曾就读杨百翰大学，并以优异的成绩于 1954 年毕业于斯坦福大学，取得经济学学士学位。之后他于 1959 年取得哈佛大学工商管理硕士学位并被授予"贝克学者"的头衔。在海军服役期间，他以中尉军衔分别在磨石号和尼古拉斯号上参与了朝鲜战争。

詹姆斯·托马斯：现居迪拜，普华永道思略特合伙人，也是卡岑巴赫中心的中东领导者。除汽油行业战略咨询的经验外，詹姆斯·托马斯帮助大量欧洲、中东的多个行业的组织理解并改善其企业文化以达成其战略目标。

他的客户项目经验（从企业文化评估到以行为为基础的改革项目），促成了卡岑巴赫方法论的形成和发展。詹姆斯·托马斯也在企业文化、行为及领导力等主题上进行了广泛的演讲和写作，包括与乔恩·卡岑巴赫及卡洛琳·欧时力格尔合著并发表在《战略与经营》上的《十条组织文化原则》，与乔治斯·谢

哈德（Georges Chehade）、佩洛拉·卡尔森以及乔恩·卡岑巴赫合著的报告《成功的企业文化：GCC 公司运用企业文化打造全球一流企业》。

詹姆斯·托马斯在英国杜伦大学取得科学学士学位。他和他的妻子索菲，三个孩子塞巴斯蒂安、弗洛伦斯和西奥多一起居住在都柏林。

格雷琴·安德森：在卡岑巴赫中心任总监一职，服务于全球那些重视战略和组织绩效的客户团队。自 2003 年加入卡岑巴赫中心起，格雷琴·安德森就专精于此，在之后的十五年里，她在个人激励和组织绩效的复杂关系这一课题上进一步开启了全球化的跨行业的视角，并就这些主题进行演讲、写作和咨询工作。

格雷琴·安德森在哈佛大学取得了文学博士学位。她认为她以格林威治村里女诗人为主题的毕业论文显示了她对环境如何影响每个人工作生活的深层兴趣。她本科曾就读牛津大学圣休学院并以最优成绩毕业于佛蒙特州的明德学院。目前，格雷琴·安德森和她的两个孩子，简和卡尔文，住在马里兰州的巴尔的摩市。

卡岑巴赫中心管理实践社区成员介绍

德安妮·阿吉雷：普华永道思略特合伙人，美国和墨西哥的业务主管，也是卡岑巴赫中心的全球领导人。德安妮·阿吉雷现居圣地亚哥，有超过二十七年的客户服务工作经验。她在组织文化、团队合作、领导力和人才战略等方面进行了广泛的写作，近期合著的文章有《十条领导变革管理原则》和《企业文化和首席执行官》。德安妮·阿吉雷热爱研究所有的行业体系——特别是医疗行业中——个人和集体之间如何维持微妙的平衡，以及领导者大胆的象征性行为如何产生影响。

里德·卡彭特：现居纽约，在普华永道任总监职务，也是卡岑巴赫中心全球领导团队的美国负责人。她有 14 年的客户服务经验，著有《如何找到并利用隐于其后的真正领导》，并合著有《怎样充分发挥多元化团队的全部潜力》。她视自己为一个天生的终身团队观察者，乐于观察团队的规范、模式和价值。她非常庆幸在卡岑巴赫中心的工作令她有机会指导他人做同样的观察研究，并能以此帮助到更多组织机构，使人们的日常生活工作更有意义。

瓦拉·戴维森：普华永道思略特合伙人，也是卡岑巴赫中心全球领导团队在亚太区的代表。她从事咨询行业已超过22年，主要集中在能源、公共事业和资源行业。在积极推动组织文化来释放企业价值和推进内部变革方面，瓦拉·戴维森有自己独到的见解。她认为董事会和管理团队在做战略决策时必须考虑如何真正利用企业文化来充分发挥组织潜能。她发表过多篇文章及报告，包括发表在《哈佛商业评论》上的《星巴克如何将企业文化带入其战略规划》和《第十七期 CEO 更替研究：澳大利亚董事会在 CEO 继任方面一路领先》。

黛安娜·迪米特罗娃：现居慕尼黑，普华永道思略特总监，也是卡岑巴赫中心全球领导团队的一员。黛安娜·迪米特罗娃是经济学硕士及心理学博士，致力于推进领导意识向更可持续、更多元化、更有觉知力及更富内部企业家精神的方向发展。黛安娜·迪米特罗娃在企业转型方面有超过十年的咨询经验，特别在数码产业的企业转型方面经验丰富，著有《建立数字文化》《维家保险的崛起》等文章。

凯特·杜根：普华永道经理，曾是卡岑巴赫中心的项目——使世界摆脱不良管理——的一员。她在卡岑巴赫中心任职期间，致力于发展和激励具有情绪敏捷度的新一代企业领导，著有《和年轻人合作》《钢铁侠教我如何沟通目标》，并合著有《独自一人：远程团队沟通的方法》，该文章在《战略与经营》上发表。凯特·杜根喜欢学习经济学和心理学，这帮助她寻求提高人为绩效和大规模影响行为变化的方法。在业余时间，凯特·杜根会进行耐力训练，是铁人三项运动的教练，也是动物保护者。

贾梅·艾斯图皮南：普华永道思略特在纽约的合伙人，提供医疗行业和跨行业的战略及营运模式转型的咨询服务。他帮助医疗企业客户建立可持续的、以客户为中心的运营模式，进而改善了成千上万的终端消费者所得到的医疗服务。他也经常在这个课题上总结自己的实践经验并落于笔下。贾梅·艾斯图皮南是一位经过培训的工程师，他的博士学段研究的是生物机械学的特殊手术项目，在康奈尔医院设计矫形外科植入物。贾梅·艾斯图皮南非常关注如何简洁地处理复杂问题，并专注于用务实且多专业的方法使组织上下与公司战略保持一致。他出生于哥伦比亚，在巴西长大，主要服务拉美及全球客户。

阿曼达·埃弗森：普华永道思略特总监，卡岑巴赫中心全球领导团队的一员，也是卡岑巴赫中心的前成员。她在帮助客户取得组织一致性上（战略、运营模式和企业文化的一致性以取得最佳业绩）有超过十年的工作经验。她对能从根本上改变企业现状的创新和推动组织行为转变充满热情。

克里丝蒂·赫尔：普华永道思略特总监，也是卡岑巴赫中心全球领导团队的一员。现居华盛顿，克里斯蒂·赫尔有超过二十年的行业经验，著有或合著有《推进企业文化转变的关键行为》《运用企业文化为变革扫清道路》及其他文章。她热衷于帮助客户找到使组织文化重获新生的方法，以推动企业战略实施并激励员工。

米歇尔·卡姆：普华永道思略特合伙人，现居澳大利亚。米歇尔是心理学博士，热衷于运用她对人类行为的理解，来为客户提供实现员工潜能的战略咨询服务。她主要专注于组织转型，为实现战略意图确定运营模式、企业文化、核心竞争力、人员与绩效等咨询服务。米歇尔·卡姆拥有包括教育、金融、零售及消费品、公共部门、航空、媒体、公用事业、医疗等多个行业的咨询服务经验。

佩洛拉·卡尔森：普华永道思略特合伙人，现居都柏林。他在咨询行业有超过三十年的工作经验，曾是博斯公司董事会成员并担任该公司的欧洲业务及全球人力及组织战略部门的负责人。他是卡岑巴赫中心的创始人之一，并活跃至今。最近发表的文章包括《CEO 顺利继任的价值》《成功的企业文化：GCC 公司运用企业文化打造全球一流企业》《首席执行官们变得没那么道德了吗？》。

保罗·莫利－弗莱切：普华永道思略特总监，卡岑巴赫中心在欧洲的共同领导人之一，也是其全球领导团队的一员。作为咨询顾问和高管教练，他有超过十五年为全球企业领导和组织机构提供领导战略、企业文化变革、转型变革方面咨询服务的经验。他相信当今世界需要在领导意识和组织文化上有所改变，领导者应更多关注内部。他发表的文章有《领导力变革：如何减少恐慌，在不确定性中创造并改变世界》。

卡洛琳·欧时力格尔：普华永道思略特总监，卡岑巴赫中心的核心团队成员之一，现居三藩市。她相信不断发展和改善企业文化的公司会超越它们的竞争者，取得领先市场的股东回报。卡洛琳·欧时力格尔在跨国企业的管理咨询方面有超过十五年的经验，和乔恩·卡岑巴赫、詹姆斯·托马斯合著的《十条组织文化原则》是《战略与经营》有史以来最被广泛阅读的文章之一。卡洛琳·欧时力格尔负责了卡岑巴赫中心 2018 年度全球企业文化综合调查。

弗雷德里克·坡克：普华永道思略特合伙人，现居慕尼黑。弗雷德里克·坡克有超过十五年的咨询经验，领导组织战略的欧洲团队。他是卡岑巴赫中心全球领导团队的一员和中心的欧洲共同领导人之一。他专注于包括运营模式回顾、组织架构设计、企业文化革新、能力发展及实施在内的组织转型与建设工作。弗雷德里克·坡克主要服务于消费与零售、工业制造、健康、通信及汽车行业。

罗杰·拉巴特：现居贝鲁特，普华永道思略特总监及卡岑巴赫中心全球领导团队的一员。他在管理咨询行业有超过十年的经验，并在建筑行业有三年的工作经验。罗杰·拉巴特负责了海湾合作委员会的多个文化变革和管理团队变革的项目，通过这些经历他坚信文化和管理团队的变革是所有行业、领域和区域变革的核心。

巴里·沃斯特：普华永道合伙人，现居南非。他有超过二十年的咨询经验，在人力资源、组织文化、人力资源技术、培训和企业未来等方向为企业提供帮助。巴里·沃斯特热衷于研究组织学习，着迷于研究组织学习、技术和大范围的行为改变之间的交互作用。他享受帮助企业度过在思维和行为上向新的方式过渡带来的挑战，目前正在写一篇关于文化在技术变革中起到的作用的文章。

爱丽丝·周：在普华永道任经理一职，前卡岑巴赫中心成员和前卡岑巴赫中心核心团队成员。现居费城。她有十年的客户经验。她坚信就像战略和营运模式一样，企业文化的确定应来自于领导层深思熟虑的权衡，不存在满足所有目的的"完美文化"。爱丽丝·周发表的文章有《改善企业文化并不是提供免费小食》和《如何利用员工的情感力量》。